Din Ka

RESİMLİ

NAMAZ HOCASI

İÇİNDEKİLER

İslâmın şartları, Mükellefik yaşı, Mükellefin fiilleri: Farz, Vacib, Sünnet... Haram, Resimlerle namazın tarifi ve öğretimi. Namaz sûre ve duâları, çocuklarımız sualli cevablı din bilgileri, seçilmiş duâlar ve YÂSİN-İ ŞERİF.

El'Hacc
Hattat Hafız
Yusuf Tavaslı
Emekli İmam Hatib

Not:
Bu kitabımızda Yâsin ve diğer sûrelerin hepsinin okunuşu Tecvîdli (kural ve kâidelerine) yazılmıştır.

Dizgi	:	Tavaslı Yayınları
Ressam	:	İbrahim Kalyon
Kapak Tasarım	:	Zeki Şahin
Baskı & Cilt	:	Tavaslı Matbaacılık Tel.: 0 212 451 31 32 pbx
Yayın Kodu	:	C - 10

®
TAVASLI YAYINLARI
Ticarethane Sk. No:14 34410 S.Ahmed / İst.
Tel. : (0212) 512 11 46 • 511 60 34
Faks : (0212) 522 60 46
E-mail : tavasli@süperonline.com.tr

ÖNSÖZ

بسم الله الرحمن الرحيم

Ey Hak Yolcusu! Dünyada hiçbir şey boşuna ve gelişi güzel değildir. Her şeyin yaradılışında ve var edilişinde bir amaç vardır. İnsanoğlu bir toplu iğneyi bile bir amaç için yapmış olduğunu söylüyor. Peki aciz bir varlık olan insanoğlu, bu âcizliği ile basit bir tel parçası olan toplu iğneyi bile yapışında bir amaç olduğunu düşünürken, kendisi gibi akıllı ve her şeyi kendi hizmeti için olsun diyor, ve herşeyin kendi isteği gibi olsun diyen ve insanım deyen bir varlığın var oluşunda (yaradılışında) bir amaç yok mudur?..

Evet, ey insan! Senin yaradılışının da bir gâyesi, bir amacı bulunmaktadır. Cenâb-ı Allâh, seni niçin yarattığını Kur'ânın'da şöyle bildiriyor: "*... insanı ancak ve ancak bana ibâdet etmesi için yarattım.*"

Demek oluyor ki, insanın bu dünyâya gönderilişinin sebebi Allâh'a ibâdet etsin içindir. Allah'a ibâdet eden insan, kutsal görevini yerine getiren mutlu ve bahtiyâr insandır, saygı değer insandır. Çünkü O, Allâh'a olan vazîfesini yerine getirmekle yaratılışının gâyesi ve amacı olan vazîfe ve hizmeti, üzerine düşen görevi ifâ etmiş, bu kutsal borcunu ödemiş demek oluyor. Ne mutlu böyle yaratılışındaki yüce hikmet ve gâyeye hizmet eden bahtiyarlara!..

İnsanın yaratılışının sebebi Allâh'a ibâdet etmek olunca ibâdet bilgilerini öğrenmek insanın başta gelen görevlerindendir demek yerinde bir tesbit olur ümidindeyim.

Allah katında îmandan sonra en büyük ibâdet namaz kılmaktır. **"Namaz, dînin direğidir."** Direksiz bina olmayacağına göre, namaz kılmadan din binası da kurulamaz. Nerede namaz var. Orada müslüman var, müslümanlık vardır.

Evet ey dost! Sen de elindeki bu kitabcıktan namaz kılmasını (bilmiyorsan) öğren, biliyorsan çoluk çocuğuna öğretmiş olasın inşâallah!..

Yazmak için gayret bizden, okumak için çalışıp öğrenmeek sizden, başarı ve muvaffakiyet (başarıya ulaştırmak) Cenâb-ı Allah'tandır. vesselâm!..

Yusuf Tavaslı

İSLAMIN ŞARTLARI

Ey Hak Yolcusu! Kitabımızın ismi **"Namaz Hocası"** olduğuna göre, kitabımızın konularına **"İslâmın beş şartı"** ile başlamak, İslâmın beş şartını açık seçik anlatarak bir müslümanın bilmesi gereken bilgi ve konuları kısa ve özet olarak anlatalım istiyorum.

Sevgili Peygamberimiz (Aleyhisselâm) Hadis-i Şeriflerinde İslâmın esasları ile ilgili şöyle buyurdular:

"İslâm, beş temel üzerine bina kılınmıştır:

1. Kelime-i Şehâdet getirmek

2. Namaz kılmak

3. Zekât vermek

4. Hacca gitmek

5. Oruç tutmak"

İslâmın birinci şartı, Allah'a ve Hz. Muhammed'in peygamberliğine imanla başlamaktadır.

Demek oluyor ki, İslâmın ilk şartı, îmân ve inanç sahibi bir kişi olmaktır. Îmandan sonraki ikinci şart ise, ibâdet ve amel etmek demek olan **"Namaz, zekât, Hacc ve oruç"** gelmektedir.

Kısaca anlatmak istediğimizde, İslâm nedir? diye soran kimseye: **"İslâm, Şehâdet ve amel etmektir."** diyebiliriz.

Şehâdet demek, Allah'ın varlığına ve Hazret-i Muhammed'in peygamberliğine îmân etmek, demektir.

Amel demek ise, ibâdetler demektir ki, başta **"Namaz, oruç, zekat ve Hacc"** ibâdetleri gelir.

Açıklama: Şimdi de İslâm'ın şartlarının açıklamasını yapalım:

İslâmın beş şartından 1.ncisi olan kelime-i Şehâdet (Şehâdet kelimesi), îman ve itikad ile ilgilidir. Yani, îmânın özeti **"Kelime-i Şehâdet"**tir. Kısaca, Şehâdet kelimesini söyleyip kalben de inanan kimseye mümin ve müslüman adı veriliyor.

1. Kelime-i Şehâdet (Şehâdet sözü):

Eşhedü en lâ ilâhe illallâh, ve eşhedü enne Muhammeden abdühü ve Rasulüh

Manası: ***"Şahidlik ederim ki, Allah'tah başka*** *(ibâdet edilecek)* ***ilâh yoktur. Ve yine şahidlik ederim ki, Hazret-i Muhammed Allâh'ın kulu ve Peygamberidir."***

Bu mübârek kelimeyi (bereketli sözü) her kim, inanrak söylerse, bu kimse, İslâm'a göre, hem mü'min, hem de müslüman olmuş olarak kabul edilmektedir. Yeni müslüman olmak isteyen bir kimse, vakit geçirmeden şehâdet kelimesini söyleyip hemencecik müslüman olmuş ve hidâyete ermiş olur. Bunun için kısa zamanda İslâm olmak ve hidâyete ermek isteyen gayr-i müslim bir kimse, hemen Kelime-i Tevhidi söyler ve kalben de tasdik ederse, bu kimse hidâyete ermiş, mü'min ve müslüman olmuştur. Bunun açıklaması ilerleyen sayfalarımızda gelecektir.

2. Namaz kılmak (Günde beş vakit namaz):

Ben, müslümanım deyen bir kimse, her gün olmak üzere günde beş vakit namazını kılmak zorundadır. Müslümanlığın şartı ve alâmeti, nişanı ve belliliği, İslâm olduğunun delili namazdır.

3. Zekât vermek (Seneden seneye):

Zengin olan bir müslüman, seneden seneye malının zekatını vermek mecbûriyetindedir. Vermeyen Allah katında suçlu ve günahkâr olur. İnkar eden, zekat yok veya zekat da neymiş deyen dinden çıkar ve imânını yitirmiş olur.

4. Hacca gitmek (Ömründe bir kere):

Hali vakti yerinde olan zengin bir müslüman, ömründe bir kerecik olsun, Mekke'ye giderek Hac etmesi mecbûri ve zorunludur.

Gitmeyen Allah indinde suçlu ve günâhkârdır. İnkâr eden ise, dinden ve imândan çıkar ve küfre girmiş olur.

5. Oruç tutmak (Yılda bir ay):

Bir müslüman, her sene Ramazan ayında bir ay oruç tutmak mecburiyetindedir. Orucu inkâr eden, oruç da neymiş deyen kimse imanını kaybetmiş ve müslümanlıktan çıkmış olur.

Îmân ve İslâm yahut Mü'min ve Müslüman:

Îmân, inanmak demektir. İslâm, inandığını yerine getirmek, itâat etmek demektir. Mü'min, inanmış kimseye denir. Müslüman, dînî emirleri yerine getiren, itâat eden boyun eğen kimse demektir.

Din ölçüsüne göre mü'min ile müslüman, imân ile islâm aynı anlamda kullanılan kelimelerdir. Her mü'min, müslümandır, her müslüman da mü'mindir.

İslâm, Allâh'tan geleni kabul edip boyun eğmek, Allah'tan gelen emir ve yasakları seve seve kendi gönül rızası ile yerine getirmekdir. Bu ma'nâda her müslim, mü'min, her mü'min de müslimdir.

Îmân ve İslâmın şartları öğrenildiği zaman, bu kelimelerin ma'nâsı da kendiliğinden anlaşılmış demek olacaktır.

MÜKELLEFLİK (DÎNÎ SORUMLULUK) YAŞI

MÜKELLEFLİK

Bir müslümanın, Allâh'ın bütün emir ve yasaklarını yerine getirmesi ve bu dînî sorumluluk (ibâdetle yükümlülük) getiren işlerden sorumlu tutulması için bazı şartlar gerekmektedir. Bu şartların kendisinde bulunması ile bir müslüman yaptığı iş ve hareketlerden dinen mükellef, sorumlu tutulur. Bir insanın dînen sorumlu ve mükellef sayılması için:

1. *Akıl sahibi (aklı başında) olması,*
2. *Erginlik çağına ulaşmış olması gerekmektedir.*

Erginlik yaşına ulaşmış olan her müslüman, kız olsun, erkek olsun, Allâh'ın emirlerini yapmak ve yasaklardan da kaçınmakla yükümlü ve sorumludurlar (mükelleftirler).

Erginlik çağı: Dinde erginlik yaşı, kızlarda 9 yaşı ile 15 yaşı arasındadır. Erkeklerde erginlik yaşı, 12 yaş ile 15 yaşıdır.

15 yaşını bitiren her genç (kadın olsun, erkek olsun), kendilerinde erginlik çağına girmiş olma belirtisi olmasa bile, din yönünden hükmen erginlik (bülûğ) yaşına girmiş sayılırlar. Ve din açısından mükellef olmuş (ibâdet etmekle yükümlü) sayılırlar. Bu yaşa gel-

miş olan her müslüman, artık dînî görevleri yerine getirmekle mükellef (yükümlü ve sorumlu) sayılırlar.

Erginlik belirtisi, kadınlarda (genç kızlarda) ay halinin görülmesidir. Erkeklerde (genç erkeklerde) ise, ihtilam (rüyâda şeytan aldatması, hamamcı) olmak durumu ile bilinir. 15 yaşına geldikleri halde bu durumlar kendilerinde görülmese bile, bu kimseler hükmen bülûğa ermiş sayılırlar ve kendileri din açısından Allâh'ın emir ve yasaklarını gözetmeleri hususunda sorumludur.

Çünkü aklı başında bulunan ve reşîd (kendilerini bilme) yaşını doldurmuş olan her müslümanın yapmış olduğu ameller (işler) melekler tarafından amel defterlerine yazılmaya başlar ve yazılır.

Ef'âl-i Mükellefîn Sekizdir:

Farz, Vacib, Sünnet, Müstehab, Mübah, Haram, Mekruh, Müfsid.

Mükellef, Allâh'ın emir ve yasaklarıyla (yani dînî görev ve işlerle) sorumlu ve yükümlü tutulan kimselerdir. Mükellefin sorumlu ve yükümlü olduğu vazîfeler:

1. **Farz:** Dinimizce yapılması kesinlikle emredilen vazîfelere farz denir: Abdest almak, namaz kılmak, oruç tutmak gibi.

Farzın hükmü: Farz görevini yerine getirenler sevab kazanırlar. Farzı terkedenler, yapmayanlar günâh kazanırlar ve âhirette ağır bir cezayı hak etmiş olurlar. Farzı inkar edenler, farzı kabul etmeyenler dinden çıkarlar, kâfir olurlar.

Farzlar, ikiye ayrılır. *Farz-ı Ayın, Farz-ı Kifâye:*

Farz-ı Ayın, herkese (her mükellefe) yapmakla emredilmiştir. Abdest almak, namaz kılmak ve oruç tutmak gibi. Bu vazîfeleri her mükellef kendisi yapmakla görevlidir. Başkası tarafından abdesti alınmaz, namazı kılınamaz, orucu tutulamaz...

Farz-ı Kifaye: Yapılması bütün mükelleflere (müslümanlara) farz olmakla beraber, bazı mükelleflerin yapmasıyla diğer mükelleflerin üzerinden sorumluluk kalkmış olur. Cenâze namazı gibi. Bir yerde bulunan cenâzeyi birkaç müslüman kaldırırsa, diğer müslümanlardan sorumluluk kalkar. Ayrıca kaldıranlara sevab vardır. Ama iştirak etmeyenlere ise, günâh yoktur. Ancak hiç kimse ilgilenmeyip cenâze ortada kalırsa bütün müslümanlar günâh işlemiş olurlar.

2. **Vâcib:** Yapılması kuvvetli bir delil ile emredilen vazîfelerdir. Bayram namazı kılmak ve kurban kesmek gibi.

Vâcibin hükmü: Vâcibi yapanlara sevab vardır. Mazeretsiz (özürsüz) terkedenlere de günâh vardır. Ancak, vâcibi inkâr eden dinden çıkmaz, fakat günâhkâr olur.

3. Sünnet: Hz. Peygamber Aleyhisselâm'ın farz ve vâcibin dışında, fazla olarak ibâdet niyyetiyle çok az zaman yapmış olduğu ve pek nadir olarak da bıraktığı işlerdir.

Sünnetin hükmü: Sünneti işleyenler sevâb kazanır. Özürsüz terkedenler Peygamberin şefâatinden uzak kalmış olurlar.

Sünnetler ikiye ayrılır:

a. Sünnet-i Müekkede: Peygamber Efendimizin sürekli olarak yaptığı işlerdir. Sabah namazının sünneti, öğlenin ilk 4 rek'atlı ve son iki rek'atlı, akşamın iki rek'at ve yatsının iki rek'at son sünnetleri gibi.

b. Sünnet-i Gayri Müekkede, Peygamberimizin bazan yaptığı ve bazan bıraktığı işlerdir. İkindi ve yatsının ilk 4 rek'at sünnetleri gibi. Bu sünnetleri yapmak sevâbdır. Terkedilmesinde ise, günâh yoktur.

4. Müstehab: Hz. Peygamberin az da olsa yaptığı işlerdir. Müstehabın yapılmasında sevab vardır. Yapılmamasında ise, günâh ve sorgu suâl yoktur. Müstehâb olan ibâdetlere mendûb adı da verilir.

5. Mübâh: Yapılıp yapılmaması mükellefin isteğine bırakılmış işlere mübâh denir. Oturup kalkmak, gezip dolaşmak, yiyip içmek gibi. Mübah'ın bir adıda caiz ve helâl demektir.

6. Haram: Yapılması ve işlenmesi dînimizce kesinlikle yasak edilen işlerdir. Hırsızlık etmek, yalan söylemek, kumar oynamak, alkollü içkileri içmek ve ana babaya âsî olmak gibi.

Haramın hükmü: Haramın haram olduğunu kabul etmeyen, inkâr eden, dinden çıkar kâfir olur. Helâl olan bir şeyi de haram demek küfürdür. Aklı başında bir müslüman, helalı helal, haramı da haram olarak kabul etmelidir. Bilgisizliğinden ve cahilliğinden dolayı dîninden, îmânından olmamalıdır. Evet haramı işleyen günâhkâr olur, Tevbe ederse Allâh affedebilir. Ama inkâr edip de dinden çıkmak ahmaklık olur.

7. Mekruh: Sözlük anlamı, hoşa gitmeyen, sevilmeyen işler demektir. Mekruh'un yapılması dinimizce hoş karşılanmayan ve yapılmaması istenen işlerdir. Mekruh ibâdetlerin sevabını giderir. Abdest alırken konuşmak mekruhtur.

Mekrûh iki kısma ayrılır:

1. *Tahrimen Mekruh:* Harama yakın olan mekruhtur ki, dînîmizce yapılması yasak edilmiştir. Hiç bir mazeret yokken ikindi namazını güneş batarken kılmak gibi...

2. *Tenzihen Mekruh:* Helala yakın mekruhtur ki, sağ elle burun temizlemek gibi. Sünnet ve müstehab olan fiil ve hareketleri yerli yerince yapmamakta bu ölçüye girer.

8. Müfsid: Başlanılmış bir ibâdeti bozan şeylere müfsid denir. Müfsidin bir adı da "fâsid"dir. Namazı bozulan birine **"Namazın fâsid oldu"** denir. Namazın bozuldu, yeniden kılman gerekmektedir, denmiş olur.

Namazda iken gülmek, namaz içinde iken konuşmak, oruçlu iken bilerek yemek, içmek gibi şeylere müfsid denir. Bu işleri isteyerek yapmak günâhtır, azabı vardır.

Ey Dost! Yukarıda saydığımız bu sekiz madde, dinimizce mükellef ve ibâdet etmekle yükümlü ve görevli bulunan her müslüman tarafından bilinmesi gereken gerçeklerdir. İnsanların yaptığı işler ya faydalı olur veya zararlı olur. Dînimiz, hangi işlerin faydalı ve hangi işlerin zararlı olacağını bizlere apaçık olarak bildirmiş ve tutacağımız yolu açık seçik göstermiştir.

Yapılması gerekli olan işler; farz, vacib, sünnet ve müstehab diye dörde ayrıldığını gördük.

Yapılıp yapılmaması bizim isteğimize bırakılmış ve yapmakta sevab olmadığı gibi terketmekte, yapmamakta da herhangi bir günâh olmayan işlere de **mübâh** dendiğini gördük.

Bir müslüman tarafından yapılması doğru ve kesinlikle câiz olmayan ve yapılması günâh olan işlere de haram, mekruh ve müfsid diye isimlendiğini öğrendik. Bunlardan da her zaman sakınmamız gerekmektedir.

İBÂDETLERİMİZ

İbâdet ne demektir?

İbâdet, Allah'a kulluk etmek, O'na itâat, saygı ve ta'zîm etmek anlamına gelir.

İbâdet, Allah'ın emirlerini yerine getirmek ve yasaklarından kaçınmak (uzak durmak) demektir.

İbâdet, insan olarak yaratılmanın sevincini duymak ve insan olarak yaratılmış olmanın teşekkür borcunu ödemek demektir.

İbâdet, Allâh'ın yapınız dediği emirlerini yapmak ve yapmayınız diye emir verdiği yasak olan (günâh olan) şeylerden kaçınmak ve bu gibi günâh işlerden uzak durmak demektir.

En büyük ibâdet namaz kılmaktır:

Namaz, bir insan için imândan sonra yerine getirilmesi gereken en büyük bir kulluk görevidir. Çünkü İslâm'ın beş şartından ikincisi ve en önemlisi namazdır. Ve namaz dinin direğidir. Namazını kılmayan dînini yıkmış olur.

Namazın büyüklüğü ve fazîleti, sevâbı hususunda bir çok âyet-i kerime ve Hadis-i Şerifler bulunmaktadır. Biz bu kitabcığımızda kısa ve özet olarak bu kadarcık bilgiyle yetindik.

Namazı Bilmek Ne Güzel

Namaz — Allâh'ın emridir.

Namaz — İslâm'ın şartının ikincisidir.

Namaz — Mü'minin mîracıdır.

Namaz — Dinin direği, rûhun gıdasıdır.

Namaz — İnsanı kötülüklerden men eder.

Namaz — İbâdetin en efdalidir.

Namaz — İmânın nûrudur.

Namaz — İslâmın binasıdır. (Temelsiz bina olmadığı gibi Namazsız îmân da olmaz.)

Namaz — Her gün kılınır. (Beş vakit namaz)

Namaz — Her hafta kılınır. (Cuma namazı)

Namaz — Yalnız kılınır. (Sünnet namazları)

Namaz — Cemâatle kılınır. (Farz namazları - yalnız olarak da kılınır.)

Namaz — Ömür müddetince (öldükten sonra bir kere kılınır.) Cenaze namazı.

Namaz — Vâcib olarak kılınır. (Vitir, adak, bayram namazları)

Namaz — Geçmiş namazı yoksa kılınır. (Nafile namazlar gibi)

Namaz — Her vakit kılınır. (Kaza namazları)

Namaz — ın en fedali sevablısı ezandan sonra hemen kılınan beş vakit namazdır. (Farz namazları)

Namaz — Vakit girmeden edâ namazları (Vakit namazları) kılınamaz.

Namaz — Îmânın alâmeti vücudun selâmetidir.

Namaz — Allah'ın kıyamet gününde ilk soracağı hesabıdır.

Namaz — Terk edilmez. Su yoksa teyemmümle, hasta ise; ayakta durmak imkanı yoksa oturarak, ona da imkan bulunamazsa yatarak, yatarak da imkanı bulunamazsa baş hareketiyle (imâ ile) kılınır. (Hasta namazı)

Ey Dost! Müslümanım diyen bir kimse için kesinlikle namazı terketmek yasaktır. Bunu aklımızdan çıkarmayalım.

Namaz Ne Güzeldir

Namaz nedir? Edep ile hûzuruna çıkarak,
Bizi "yoktan yaradan"a gönlümüzü açmaktır.

Bu dünyanın çirkin, iğrenç işlerinden bıkarak,
Bir lahzecik Arş'a uçmak, Cehennemden kaçmaktır.

İnsan oğlu bir canavar iken onu bir melek
Yapan, Hakkın korkusudur, sevgisidir, emridir.

Beş vakitte namaz bize bu hisleri vererek,
Kötülükten iğrendirir, iyiliği sevdirir.

İnsanları asırlardan beri eden terbiye
Her birinde birer vicdan uyandıran namazdır,

Buna cennet klavuzu denilse de pek azdır.
Bir kaygımız bulunursa odur eden tesliye.

İki rek'at namaz kılar, kurtuluruz mihnetten
Gönlümüze bir saâdet yeli eser Cennetten...

Z.G.

Dur Erte (Sabah) Namazına

Sana derim ey Ulu, dur erte namazına
Eğer değilsen ölü, dur erte namazına

Ezan okur Müezzin çağırır Allah adın
Yıkma dinin binasın, dur erte namazına

Çıkar per vâza kuşlar, tesbih okur ağaçlar
Himmet olan kardeşler, dur erte namazına

Namazı kıl, zikreyle, Elin götür şükreyle,
Öleceğin fikreyle, dur erte namazına

Çıka gide cân dâhi, kuru kala ten dahi
Derviş Yûnus sen dahî dur erte namazına

Yûnus Emre

NAMAZ NASIL KILINIR

Ey Hak Yolcusu! Namaz kılmak üzere bulunan bir müslüman kadın olsun, erkek olsun, önce namaz için ön hazırlıklarını yapar. Namazdan önce yapılması gerekli olan namazın dışındaki altı şartı yerine getirir. Yani, abdesti yoksa abdest alır. Tahâretini (temizliklerini) kontrol eder. Ve namaz için hazırlanır. Seccâdesini kıbleye doğru serer, ve seccadesinin üzerinde kıbleye yönelerek durur.

Bir hatırlatma:

Sabah namazının sünnetinde kadınların namaz kılış şeklini (resmini) göreceğiz. Farzında da erkeklerin namaz kılış şekillerini (resimlerini) koymuş bulunuyoruz. Kadınlarla erkeklerin namazdaki durumlarında bazı farklılıklar bulunmaktadır.

SABAH NAMAZININ SÜNNETİ

Şimdi iki rek'atlı bir namazı nasıl kılacağımızı birlikte görelim:

İki rek'atlı olan bütün namazların kılınış şekli aynıdır. Sadece *"Niyyetlerinde"* farklılık vardır. Mesela: "Sünnet ise sünnetine niyyet edilir. Farz ise farzına niyyet edilir."

Bu örnek kuralı aklımızda tuttuktan sonra, şimdi sabah namazının sünnetinden başlayalım. Kadınlar için örnektir.

Sabah Namazının Sünneti:

Suâl: **Sabah namazının sünnetini nasıl kılarsın?**

Cevab: Sabah namazının sünnetini şöyle kılarım: Önce namaz için ön hazırlıklarımı yaparım. Yani namazın dışındaki (6) altı şartı yerine getiririm. Yani, abdestimi alırım. Namaz için gerekli örtünmeyi yaparım. (Ben kadın olduğum için varsa namaz baş örtümü, namaz etekliğimi giyerim). Namaz için temiz seccademi kıbleye doğru sererim. Seccâdenin üzerinde durur, kıbleye karşı yönelerek namaz duruşuna geçerim. Bu durumda Yüce Allah'ımın huzurunda olduğumu hatırlayıp kendimi derleyip toparlamaya ve huzur ile namaz kılmaya gayret ederim. Bu duruş vaziyetinde ayaklarım birbirine bitişik

olur. Vücudum normal halinde dik durumda bulunur. (Şekil 1)

Üç, beş kere **"Estağfirullâh, Estağfirullâh"** derim ve sabah namazının sünnetine niyyet ederim:

1 — "Niyyet ettim, Allah rızası için sabah namazının sünnetini kılmaya" derim.

2 — "Allahü Ekber" diyerek **iftitâh (başlama)** tekbirimi alırım. Tekbir alırken ellerimi omuz hizasına kadar kaldırırım (Şekil 2). Ve ellerimi sağ el üstte olmak üzere göğsümün

üstünde tutarım ve gözlerim normal halinde secde edeceğim yere bakar. (Şekil 3).

3 — **"Sübhâneke"** duâsını okurum:

Sübhâneke:

"Sübhânekellâhümme ve bihamdik. Ve tebâra kesmük. Ve teâlâ ceddük. Ve lâ ilâhe gayruk."

4 — **"Eûzü Besmele çekerim** (okurum):

Eûzü Besmele:

"Eûzü billâhi mineşşeytanir'raciym."

"Bismillâhir'Rahmânir'Rahiym" derim.

5 — **"Fâtiha Sûresini"** okurum:

Fâtiha Sûresi:

"Elhamdü lillâhi Rabbil'âlemiyn. Er'Rahmânir'Rahiym. Mâliki yevmiddiyn. İyyâke na'büdü ve iyyâke neste'ıyn. İhdinassırâtal'müstekıym. Sırâtalleziyne en'amte aleyhim, ğayril'mağdûbi aleyhim veleddâllîyn" "Âmiyn!" derim. Ve:

6 — **"Kevser Sûresini"** okurum:

Kevser Sûresi:

"İnnâ a'taynâ kel'kevser. Fesalli lirabbike venhar. İnne şânieke hüvel'ebter" der ve:

7 — **"Allahü Ekber"** diyerek rükû'a eğilirim. *Ellerimi dizlerime koyarım.(Rûkü'da kadınlar çok eğilmezler. El parmaklarını normal halde*

bitişik olarak dizlerinin üzerine hafif bir şekilde koyarlar. (Şekil 4)de görüldüğü gibi. (Gözler ayak uçlarına bakar.) Bu halde Rûkü halinde iken (Yani Rûku'da):

8 — **"Sübhâne Rabbiyel'azîm"** derim (üç kere) (Şekil 4).

9 — **"Semi'allâhü limen hamideh"** der. Rükû'dan doğrulurum. (Şekil 1) Bu şekilde **"Rabbenâ lekel'hamd"** derim. (Tam doğruluş vaziyetinde). Gözlerim ise secde yerine bakar.

Ve **"Allahü Ekber"** diyerek secdeye giderim. Başımı seccâdenin üzerine koyar üç kere:

10 — **"Sübhâne Rabbiyel'âlâ"** derim. (Şekil 6).

Secdede başımı (anlım ile burnumu) yere seccâdenin üzerine koyarım. Secde halinde iken, sanki kendimi biraz toparlar gibi dizlerimi karnıma bitişik, dirseklerim hem yere, hem vücuduma ya-

Ş:6

pışık, oyluklar da karnıma yapışmış olur (Şekil 6). Bu durumda iken alın ve burnum yere değiyor ve başım iki elimin arasında oluyor. Gözlerim burun deliklerimin üzerine doğru bakıyor. Sonra:

"Allâhü Ekber" diyerek secdeden doğrulur, otururum. Bu durumda **"sübhanallâh"** diyecek kadar dururum. (Bu duruş ta'dili erkan olup vâcibdir.) Ve tekrar **"Allâhü Ekber"** diyerek yine başımı secdeye koyar, tekrar üç kere:

"Sübhâne Rabbiyel'âlâ" derim (Şekil 6). Ve sonra **"Allâhü Ekber"** diyerek secdeden ayağa ikinci rek'ata kalkarım. Yine ellerimi bağlarım. (Şekil 3) Bu ikinci rek'atın başlayışıdır.

İKİNCİ REK'AT

Besmele yâni;

"Bismillâhir'Rahmânir'Rahiym" der **"Fâtiha Sûresi"**ni okurum. **Âmin** derim.

İhlâs Sûresi'ni okurum:

İhlâs Sûresi:

11 — *"Kul hüvallâhü ehad. Allâhüssamed. Lemyelid velem yûled. Ve lem yeküllehû küfüven ehad."*

Sûre bitince birinci rek'atta olduğu gibi, **"Allâhü Ekber"** diyerek rükû'a giderim. 3 kere **"Sübhâne Rabbiyel'azîm"** derim ve **"Semiallahü limen hamideh"** der doğrulurum. Doğrulunca (ayakta) **"Rabbenâ lekelhamd"** derim. Ve **"Allâhü Ekber"** diyerek

secdeye giderim. Secdede (üç kere) **"Sübhâne Rabbiyel'âlâ"** derim.

Tekrar **"Allâhü Ekber"** diyerek doğrulur otururum. Yine **"Allâhü Ekber"** diyerek ikinci secdeye giderim. (Üç kere **"Sübhâne Rabbiyel'âlâ"** dedikten sonra, **"Allâhü Ekber"** diyerek doğrulur otururum. *Bu oturuşta (Tehiyyat oturuşunda) ayaklarım sağ tarafa doğru çıkar ve yatık olur. Ve ayaklar üzerine değil yere oturulur. Ellerimi dizlerim üzerine koyarım. El parmaklarım normal şekilde birbirine bitişik durumda olur. Gözlerimle kucağıma doğru bakarım. (Şekil 7-8) Bu halde (yani tehiyyatta) otururken, şu duâları okurum:*

Ettehiyyâtü:

12 — ***"Ettehiyyâtülillâhi vessalevâtü vettayyibâtü esselâmü aleyke eyyühen nebiyyü ve rahmetüllâhi ve berakâtüh, esselâmü aleynâ ve alâ***

ibâdillâhissâlihin. Eşhedü en la ilâhe illallâh, ve eşhedü enne Muhammeden abdühû ve Rasûlüh."

Allâhümme Salli:

13 — *"Allâhümme salli alâ Muhammediv ve alâ âl-i Muhammed, kemâ salleyte alâ İbrahîme ve alâ âl-i İbrahim, inneke Hamidüm Mecid"*

Allâhümme Bârik:

Allâhümme bârik alâ Muhammediv ve alâ âl-i Muhammed, kemâ bârekte alâ İbrâhîme ve alâ âl-i İbrahim, inneke Hamidüm Mecid."

Rabbenâ Âtinâ:

14 — *"Rabbenâ âtinâ fiddünyâ hasenetev, ve fil âhireti hesenetev ve kınâ azâben nâr.*

Rabbenağfirlî ve livâlideyye ve lilmü'miniyne yevme yekûmul hisâb. Birahmetike yâ Erhamer râhimin."

Duâlarını okurum. Ve bitince:

“Esselâmü aleyküm ve rahmetullâh” diyerek sağ tarafıma selâm verir. (Şekil 9) Ve tekrar “Esselâmü aleyküm ve rahmetullâh” der, sol tarafıma selâm veririm. (Selâm verirken gözlerim omuza doğru bakar.) Sonra da:

15 — “Allâhümme entesselâmü ve minkesselâm, Tebârekte yâ Zel-Celâli vel-İkrâm” derim.

Ve böylece sabah namazının sünnetini bitiririm.

Ey hak yolcusu hanım kardeş! Sana öğrettiğim bu sabah namazının iki rek’at sünnetini beş on sefer oku. Çünkü hanımların nasıl namaz kılacakları bütün âdâb (edeblerini) ve kurallarını tam olarak yazmış bulunuyorum. Şâyet dikkat ederek bu açıklamalarımı öğrenirsen, hiç kimseye sormaya ihtiyaç duymayacaksın. Sana faydalı ve yararlı olabildimse kendimi bahtiyar bilirim. Çünkü dînimizin en büyük esâsı ve direği olan namaz ibâdetini sana öğretmekte yardımcı olmuş oluyorum. Bu durumda ise, Cenâb-ı Allâh’ımızın katında hem sana, hem de bana sevab mükâfat var. İnşâallâhü Teâlâ!..

NAMAZLA İLGİLİ BİLGİLER

Ey hak yolcusu! Namaz kılabilmek için bilinmesi ve öğrenilmesi gereken bazı bilgiler ve bazı kurallar vardır. Bunlara dinimizde **"Namazın farzları"** deniyor.

Namaz kılan bir müslüman, bu **oniki farz'dan** birini yapmasa, kıldığı namaz sahih (kabûl) olmaz. Bu namazı yeniden tekrar edip kılınması gerekir.

Namazın oniki farzından altısı namaza başlamadan önce yapılması şarttır (gereklidir). Bunlara (bu altıya) namazın şartları adı verilir.

Bu oniki farzdan altısı da namaza başladıktan sonra, namazın içinde yapılması gereklidir. Bunlara (bu altıya) da namazın rükünleri adı verilmiştir. Şimdi tekrar edelim:

Demek oluyor ki, **namazın farzları oniki (12) dir:** Altısı namazın içinde, altısı da namazın dışındadır. Dışında olanlara **şart,** içinde olanlara da **rükûn** adı veriliyor.

<u>Namazın dışında olan şartları:</u>

1. Hadesten tahâret: Yani abdestsiz olanın abdest alması, gusül gerektiren bir hal durum varsa, gusül-boy abdest'ti almasıdır. (Dikkat, abdestli olmayan, cünüb halinde olan, aybaşı halinde ve lohusalık halinde bulunan namaz kılamaz.)

2. **Necâsetten taharet:** Namaz kıldığı yerde, üstünde, başında, vucûdunda, üzerindeki elbise ve çamaşırlarında namaza engel (mani) olacak kadar pislik varsa, onları temizleyip gidermek şarttır (farzdır).

3. **Setr-i avret:** Vücudda (bedende) dinimizce açık olması câiz olmayan yerleri örtmek, namaz kılarken bu yerlerin örtülü (kapalı) olması şarttır. (Bu ölçü erkekler için, göbek ile diz kapakları arasıdır. Kadınlarda ise, el, yüz ve ayaklarından başka geri kalan yerlerinin örtülmesidir.

4. **İstikbâl-i Kıble:** Namaz kılarken kıbleye karşı durmak (Ka'be yönüne karşı yönelmek). Namazda (namaz kılarken) yüz, göğüs tarafı kıbleden başka tarafa dönerse, namaz bozulur. Yeniden kılmak lazımdır.

5. **Vakit:** Beş vakit namazı kendi vakti içinde kılmak. Yani, kıldığı veya kılacağı namazın vaktinin girmiş olması lâzımdır. Vakti girmeden kılınan namazı yeniden iâde etmek, yeniden tekrar kılmak lâzımdır.

6. Niyyet: Hangi vaktin namazını kılacaksa kalben o vaktin namazını niyyet etmesi lazımdır. Kalbinden geçirmesi farz, dil ile söylemesi ise, sünnettir.

Namazın içinde olan rükünleri:

1. İftitah tekbiri: Namaza "Allâhü ekber" diyerek başlamak. "İftitah" açmak açış demektir. Biz buna namaza başlama tekbiri diyoruz.

2. Kıyâm: Namazda ayakta durmak demektir. Dînen bir mazereti (hastalık) olmaksızın, namazı ayakta kılması farzdır.

3. Kırâet: Namazda Fatiha ve bir sûre veya üç âyet okumak demektir. Namaz kılacak kadar kısa sûrelerden bilmek farzdır.

4. Rukû': Namazda sûre bitince Allâhü ekber diyerek ellerini dizlerine koyarak eğilmektir.

5. Sücûd: Namazda yere kapanmaktır. Rukû'dan sonra Allâhü ekber diyerek secdeye gidip el ve ayaklarını, alnı ve burnu yere koyarak secde yapmaktır.

6. Ka'de-i âhire: Namazın son oturuşudur. Ettehiyyâtü'yü okuyacak kadar oturmak demektir. Bu oturuşta selâm verilerek namazdan çıkılır.

Evet kardeş! Namaz kılan her kim, bu altı rüknü yapmazsa, bunları yerine getirmezse, namazı sahih olmaz (namazı bozulur). Ve kıldığımız bu namazı tekrar yeniden kılmamız gerekli ve şarttır. Bu konuyu böyle bilesin vesselâm!..

Namazın Vâcibleri:

1. Namaza **"Allâhü Ekber"** ile başlamak.

2. Her rek'at başında Fatiha okumak

3. Fatihayı ve arkasından bir sûre okumak

4. Dört rek'atlı namazların her rek'atında, farzların ise, ilk iki rek'atında Fatihadan sonra bir sûre (Zamm-ı Sûre) okumak.

5. Vitir namazlarında **"Kunut"** duâlarını okumak

6. İki secdeyi peş peşe yapmak, secdede alın ve burnu yere koymak.

7. Dört ve üç rek'atlı namazlarda iki rek'atın sonunda oturmak (buna birinci oturuş denir).

8. Birinci ve ikinci oturuşlarda Ettehiyyat okumak.

9. Namazlarda yanılıp hata yapan, yanılma (sehiv) secdesi yapmak.

10. Namazın bitiminde (sonunda) selâm vermek.

Ey Dost! Namazın vâciblerinden ilk anda sana yetecek derecede on kadarını yazdık. Bilesin ki, namazın vâcibleri farzlarını tamamlar. Vâcibi bile bile terkeden namazını yeniden kılar. (Namazı bozulur). Elinde olmayarak yanılanlar sehiv (yanılma) secdesi yaparak kusurlarını düzeltmiş olur. Namazı tamam sayılır, yeniden kılması gerekmez.

SEHİV (YANILMA) SECDESİ:

Sehiv Secdesi, namazda istemeyerek yapılan hata ve kusurları düzeltir, ve namazın sevabını tamamlar.

Üç yerde sehiv secdesi yapılır:

1. Farzın tehirinden (geciktirilmesinden)

2. Vâcibin terkinden (yapılmamış olmasından)

3. Vâcibin tehirinden (geciktirilmesinden)

Tekrar edersek, sehiv secdesi, Farzın tehirinden, vâcibin terk ve tehirinden dolayı yapılması lazım gelir.

SEHİV SECDESİ NASIL YAPILIR?

Sehiv secdesi, namazın sonunda selâm oturuşunda **"Ettehiyyât"** okuyup sağa selâm verip hemen Allâhü Ekber ile secdeye gideriz. İki kere secde yapıp oturulur. Yeniden Ettehiyyât, Salevatlar ve duâlar okunup selâm verilerek namazdan çıkılır. Yani namaz biter.

Sehiv secdesi yapmak vâcibdir. Namazdaki yapılan kusur ve hatalarımızı tashih etmiş, düzelmiş olur.

Not: Namazın farz ve vâciblerini öğrenirsek, ne zaman ve nerelerde sehiv secdesi yapmamız gerektiğini öğrenmiş oluruz. Onun için namazın içinde bulunan farzlar ve vâcibler hangileridir, bilmek gerekir, vesselâm!..

NAMAZDA BULUNAN

Farz, Vâcib ve Sünnetler

Ey Kardeş! Namaz kılarken okuduğumuz sûre ve duâlar bazen **farz** olur, bazen **vâcib** olur, bazen de **sünnet** olur. Bunun için namazın farz, vâcib ve sünnetlerini gösterir cetveli aşağıya alıyor ve bunlardan örnekler veriyorum:

- *Namaz kılmak için abdest almak* ....**Farz**
- *Namazda kıbleye karşı dönmek* ....**Farz**
- *Namaza niyyet etmek* ....**Farz**
- *Tekbir almak için elleri kaldırmak. Kadınlar omuz hizasına, erkekler kulak yumuşaklarına hafifçe değecek kadar el kaldırmak* ....**Sünnet**
- *Namazda ayakta dururken iki ayak arasını dört parmak kadar açmak (Erkekler için) kadınların ayaklarını normal şekilde birbirine yakın bitişik gibi bulundurmaları da* ....**Sünnet**
- *Allahü Ekber "İftitah tekbiri" almak* ....**Farz**
- *Sağ elini sol eli üzerine bağlamak* ....**Sünnet**
- *Namaza başlarken "Sübhâneke" okumak* ....**Sünnet**
- *Eûze Besmele ile Fâtihaya başlamak* ....**Sünnet**
- *Fâtiha ve zammî sûre okumak* ....**Vâcib**
- *Fâtihadan sonra "Âmin" demek* ....**Sünnet**
- *Farz namazlarında ayakta durmak ve Kur'ân okumak* ....**Farz**

- Rükû'a eğilirken "Allâhü Ekber" diye tekbir almak..Sünnet
- Rukû'a eğilmek..Farz
- Rukû'da "Sübhânallah" diyecek kadar durmak....Vâcib
- Üç kere "Subhâne Râbbiyel'azîm" demek......Sünnet
- Rukû'da erkeklerin baş ile beli dümdüz tutmak, elleriyle dizlerin sıkıca tutulması ve el parmakları hafif açık olması ve kolların dimdik durması bunların hepsi..............................Sünnet
- Kadınlar ise, resimlerde görüldüğü gibi namaz kılarlar. Yani rukû'da erkekler kadar eğilmezler. Bu da........................Sünnet
- Rukû'dan başını kaldırınca tamamıyla doğrulmak ve hafif duraklamak lâzımdır ki, bu tâdili erkandır ....Vâcib
- "Semiallahü limen hamideh" demek ....Sünnet
- "Rabbenâ lekel - hamd" demek ....Sünnet
- Secdeye varmak ....Farz
- Secdeye varırken tekbir almak ....Sünnet
- Secdeye giderken, önce dizleri, sonra elleri, daha sonra da alın ve burnu yere koymak....Sünnet
- Secdede alnı yere dokundurmak ....Farz
- Burnu yere alınla beraber değdirmek ....Vâcib
- Secdede "subhanallah" diyecek kadar durmak.Vâcib

- Üç kere "sübhâne rabiyel-âlâ" demek ......Sünnet
- Secdeden doğrulunca güzelce oturup, biraz duraklamak ki tâdili erkandır ....Vâcib

Secde **yedi âzâ** üzerine yapılır ki, **iki ayağın** uçları, iki diz, **iki el** ve burun ucu ile birlikte **alını** yere koymaktır. Bu **yedi âzânın** yere değmesi şarttır.

- İki secdeyi birbiri ardısıra yapmak ....Vâcib
- 3 ve 4 rek'atlı namazların birinci oturuşunda oturmak ....Vâcib
- Son oturuş - selâm verilecek oturuş ....Farz
- Oturuşlarda erkeklerin sağ ayaklarını dikmeleri.....Sünnet
- Oturuşlarda parmaklar biraz açık olarak elleri dizlerin üzerine koymak..................Sünnet
- Her oturuşda **"Ettehiyyatü"yü** okumak .....Vâcib
- Son oturuşda - "Allâhümme salli, Allâhümme barik ve Rabbena duâlarını" okumak.......Sünnet
- Namaz bitince selâm vermek.....................Vâcib
- Namazın her farzını yerli yerinde yapmak ve birbirinden diğer farza geçerken "sübhanallâh" diyecek kadar duraklamak ki, buna **tâdili erkan** denir. Bu da ....Vâcibdir
- İmam öğle ve ikindi namazlarının farzlarında **Fâtiha ve Zammî** sûreyi gizli okumak ....Vâcib

- *İmam Kur'ânı sesle açıktan okurken cemâatın susması...Vâcib*
- *Yatsıda Vitir namazlarında "Kunud" duâlarını okumak...Vâcib*
- *Sehiv secdesi lâzım gelince sehiv secdesi yapmak...Vâcib*

Ey Hak Yolcusu! Kolayca aklımızda kalsın diye kıldığımız namazlarda yaptığımız işlerin farz, vâcib ve sünnet olanlarının birazını buraya sıraladık.

NAMAZI BOZAN ŞEYLER

1. Namazdayken konuşmak, bir şey yemek, içmek ve kendi işiteceği kadar gülmek, namazda birine selâm vermek, verdiği selâmı almak ve özürsüz öksürmek, toz gibi bir şeye üflemek, püflemek, ah, vah, of, uf demek namazı bozar.

2. Göğsünü kıbleden başka tarafa döndürmek

3. Önceden su olmayıp teyemmüm edip namaza duran kimse, namazda iken suyu veya suyun geldiğini görmek.

4. Mest'e meshetmenin müddeti namazda sona ererse namaz bozulur.

5. Namazda Kur'anı'ın ma'nâsını değiştirecek şekilde yanlış okumak.

6. Sabah namazını kılarken güneş doğmak.

Evet, namazı bozan işlerden bir kaçını buraya almış bulunuyoruz. Bu maddelerin sayısı pek kabarıkça (30'a yakın)dır. Önemli olanlardan birazını buraya kaydettik.

KÂMET

Erkekler, Farza başlarken kâmet getirir:

Allâhü Ekber, Allâhü ekber,
Allâhü Ekber, Allâhü Ekber,
Eşhedü enlâ ilâhe illallâh,
Eşhedü enlâ ilâhe illallâh
Eşhedü enne Muhammeder-Resûlullâh
Eşhedü enne Muhammeder-Resûlullâh
Hayye alas-salâh, Hayye alas-salâh,
Hayye alâl-felâh, Hayye alâl-felâh,
Kad kâmetis-salâh, (Kâmet ilâvesidir)
Kad kâmetis-salâh,
Allâhü Ekber, Allâhü Ekber
Lâ ilâhe illallâh.

Ey hak yolcusu! Kâmet kelimeleri bu okuduğumuz şekildedir. Erkeklerin farza başlarken kâmet getirmesi bilindiği üzere sünnettir.

SABAH NAMAZININ FARZI:

Ey Hak Yolcusu! Sabah namazının farzıyla sünneti ikişer rek'attır. Yukarıda da anlattığım gibi kılınış şekli aynıdır. Niyyetleri ise, *Sünnetini* kılarken, *"Sünnetine"* diye niyyet edildiği gibi, *"Farzını"* kılarken de *"Farzına"* diye ***niyyet*** edilir. Bir de erkekler, farzını kılarken ***"kâmet"*** getirirler. Kadınlar ***"kâmet"*** getirmezler. Sabah namazının sünnetinde kadınların namaz kılış şekillerini verdik. Farzında ise, erkeklerin namaz kılış şekillerini vermiş bulunuyoruz.

Sabah Namazının Farzı:

Suâl: **Sabah namazının farzını nasıl kılarsın?**

Cevâb: Sabah namazının farzını şöyle kılarım: Kılacağım namaz için ön hazırlıklarımı yaparım. Yani, namazın dışındaki altı şartı yerine getiririm. Abdestimi alır, seccâdemi sererim. Sonra, seccâdemin üzerinde kıbleye yönelirim. (Şekil 1) Namaz için kıyâm vaziyeti alır ve kâmet getiririm.

Kâmetten sonra üç beş, defa **"Estağfirullâh"** derim ve sabah namazının farzına:

1 — "Niyyet ettim Allâh rızâsı için sabah namazının farzını kılmaya" diyerek niyyet ederim. *Ellerimi kulaklarıma doğru kaldırırım. Ellerimin iç tarafı kıbleye karşı ve baş parmaklarımı kulaklarımın alt tarafına değdiririm.* *Gözlerim ise, secde edeceğim yere doğru bakıyor olur. İki ayağım arası dört parmak kadar açık bulunur. Vücudum normal şekilde dik olur.* Ve:

2 —"**Allâhü Ekber**" diyerek İftitah (Namaza giriş başlayış) Tekbirimi alırım. (Şekil 2) Ellerimi göbeğimin altına bağlarım. (Şekil 3)

Sol el alta, sağ el üstte olmak üzere, sağ elin baş parmağı ve küçük parmağı ile sol el halka vaziyetinde kavramış (tutulmuş) durumdadır. Ayak araları dört parmak açıktır. Gözlerimiz secde yerine bakacaktır.(Şekil 3) Ve bu vaziyette:

3 — "**Sübhâneke**"yi okurum:

Sübhâneke:

"Sübhânekellâhümme vebihamdik. Ve tebârakesmük. Ve teâlâ ceddük. Ve lâ ilâhe ğayruk." derim ve:

Eûzü besmele çekerim:

Eûzü Besmele:

"Eûzü billâhimineş'şeytânir'racim,

Bismillâhir'Rahmânir'Rahim" derim.

4 — "**Fâtiha Sûresi**"ni okurum.

Fâtihâ Sûresi:

"Elhamdü lillâhi Rabbil-âlemiyn. Errahmânir-rahiym. Mâliki yevmiddiyn. İyyâke na'büdü ve iyyâke nesteıyn. İhdinessırâtal-müstekıym. Sırâtalleziyne en'amte aleyhim ğayril mağdûbi aleyhim veleddâlliyn" "Âmîn" derim. Ve:

5 — Kevser Sûresi'ni okurum:

Kevser Sûresi:

"İnnâ A'taynâ kelkevser. Fesalli Lirabbike venhar. İnne şânieke hüvel ebter" derim ve:

6 — **"Allâhü Ekber"** diyerek **rükû'a** giderim. Ellerimi dizlerime koyarak:

7 — **"Sübhâne Rabbiyel-azîm"** derim. (Üç kere) (Şekil 4) (Şekil 4'de görüldüğü gibi dururum. *Gözlerim ayak uçlarına bakar. Ayak araları dört parmak açık bulunur. Baş ile sırt düz vaziyettedir. Kol ve bacaklar gergindir. El parmaklarımız açık ve sıkıca diz kapaklarımızı kavramış durumda bulunur)* Sonra:

Ş:4

8 — **"Semi'allâhü limen hamideh"** diyerek rükû'dan doğrulurum. (Şekil 1'de olduğu gibi.) Bu durumda **"Rabbenâ lekel-hamd"** derim ve tekrar:

9 — **"Allâhü Ekber"** diyerek secdeye giderim. Başımı seccâdenin üzerine koyarak üç kere:

10 — **"Sübhâne Rabbiyel-âlâ"** derim. (Şekil 6) Ve tekrar:

11 — **"Allahü Ekber"** diyerek secdeden doğrulur, otururum. (Şekil 7) Bu durumda **"Subhânallâh"** diyecek kadar dururum. Ve sonra **"Allâhü Ekber"** diyerek yine başımı secdeye seccâdenin üzerine koyar, tekrar üç kere:

Ş:6

"Sübhâne Rabbiyel-âlâ" derim. Ve sonra **"Allâhü Ekber"** diyerek secdeden doğrularak ikinci rek'ata ayağa kalkarım. Şekil 3'deki vaziyeti alırım:

İKİNCİ REK'AT:

1 — "Bismillâhir'Rahmanir'Râhim" der, "Fatiha Sûresi"ni okurum. Amin, derim.

2 — "İhlâs Sûresi"ni okurum.

<u>İhlâs Sûresi:</u>

3 — *"Kul hüvallâhü ehad. Allâhüssamed. Lem yelid velem yûled. Ve lem yekûllehû küfüven ehad"* derim. Sonra:

4 — "Allâhü Ekber" diyerek eğilir, Rükû"a giderim.

Ş:7

"Sübhâne Rabbiyel-âzim" derim. (Üç kere)

"Semiallâhü limen hamideh" der doğrulurum. Doğrulunca (ayakta bu durumda iken) "Rabbenâ lekelhamd" derim. Ve sonra:

7 — "Allâhü Ekber" diyerek secdeye giderim. Secdede (üç kere) "Sübhâne Rabbiyel'âlâ" derim. Ve tekrar:

8 — "Allâhü Ekber" diyerek doğrulur otururum. Bu durumda "Subhânallâh" diyecek kadar dururum. Sonra "Allâhü Ekber" diyerek ikinci secdeye giderim.

9 — "Sübhâne Rabbiyel-âlâ" üç kere dedikten sonra, "Allâhü Ekber" diyerek doğrulur otururum. *Sağ ayağım, parmakları üzerine dikili olur.) (Şekil 7-8) Bu durumda kucağıma bakarım. Ellerim normal vaziyette dizlerimin üzerinde olur. Sol ayağımın yatık durumda üzerine otururum. Sağ ayağım ise, dik ve parmakları kıbleye karşı dönük olarak bulunur.*

Bu halde otururken; **Ettehiyyâtü, Salli, Bârik** ve **Rabbenâ** duâlarını okurum:

<u>Ettehiyyâtü:</u>

10 — "*Ettehiyyâtü-Lillâh ves'sâlevâtü vet'tayyibâtü es'selâmü aleyke eyyühen'nebiyyü ve rahmetüllâhi ve berakâtüh. es'selâmü aleynâ*

ve alâ ibâdillâhis'sâlihin. Eşhedü en la ilâhe illallâh, ve eşhedü enne Muhammeden abdühû ve Rasûlüh."

Allâhümme Salli:

11 — *"Allâhümme salli ala Muhammediv ve ala âl-i Muhammed. Kemâ salleyte alâ İbrahime ve alâ âl-i İbrahim. İnneke Hamidüm Mecid."*

Allâhümme Bârik:

12 — *"Allâhümme bârik alâ Muhammediv ve alâ âl-i Muhammed, kemâ bârakte alâ İbrâhime ve alâ âl-i İbrâhim, inneke hamidüm Mecid"*

Rabbenâ Duâları:

13 — *"Rabbenâ âtinâ fiddünyâ hasenetev, ve fil'âhireti hasenetev ve kınâ azâben'nâr.*

14 — *"Rabbenağfirlî ve livâlideyye ve lil'mü'miniyne yevme yekûmülhisâb" Birahmetike yâ Erhamer-râhimîn."*

Ve bitince:

15 — "Esselâmü aleyküm ve rahmetüllâh" diyerek sağ tarafıma selâm verir. Ve tekrar "Esselâmü aleyküm ve rahmetüllâh" der, sol tarafıma selâm veririm. (Şekil 9) Sonra da:

16 — "Allahümme entesselâmü ve minkesselâm. Tebârâkte yâ Zel-Celâli vel-İkrâm" derim.

Ş:9

Ve böylece sabah namazının farzını kılıp bitirmiş olurum.

Selâmdan sonra İstiğfâr:

Ey hak yolcusu! Namazlarda, selâm verince üç kere kısaca: **"Estağfirullâh, estağfirullâh, estağfirullâh"** demelisin. Ve sonra:

"Allâhümme entesselâmü veminkesselâm..." duâsını okumalısın. Bu istiğfârı okumak sünnettir. Peygamber Efendimizin yoludur. Bu istiğfârın daha güzeli şöyledir ki, kelime ve ma'nâ yönünden daha geniş ve daha şumüllüdür:

"Estağfirullâhellezî lâ ilâhe illâ hüvel'Hayyel'Kayyûme ve etûbu ileyh."

Bu da üç kere söylenir. Ma'nâsı kendi bölümünde gelecektir. Bu istiğfâr duâsını her müslüman (kadın olsun, erkek olsun) okumalıdır vesselâm.

SABAH NAMAZINI VAKTİNDE KILAMAYAN NE YAPAR?

Ey âhiret yolcusu! Oldu ki sabah namazına kalkamadın. Olur ya insan hali bu! Sabah kalktın ki güneş doğmuş. Sabah namazını vaktinde kılamadın. Şimdi ne yapacaksın, nasıl hareket edeceksin?

Şimdi sen bu kılamadığın sabah namazını sünnetiyle berâber, güneşin doğuşundan en az 40-45 dakika sonra kılabilirsin. Senin kılamadığın bu sabah namazını öğle vaktine 30-40 dakika kalıncaya kadar kılman lâzımdır. Zevâl vakti denilen kerâhet vaktinden evvel kılmak gerekir. Aksi halde kerâhet vakti girmiş olur. Şayet öğle namazından sonraya bırakırsan artık sabah namazının sünneti kılınmaz. Sadece farzını kaza edersin. Bunu da sana hatırlatmak isterim.

Bu namaza niyyet ederken şöyle edersin:

"Kılamadığım bugünkü sabah namazının sünnetine" farzına da **"Farzına"** diye niyyet edersin.

ÖĞLE NAMAZI

Suâl : **Öğle namazı kaç rek'attır?**

Cevab : Öğle namazı on rek'attır. 4 rek'at ilk sünnet, 4 rek'at farz, 2 rek'at son sünnettir. Önce dört rek'at ilk sünneti kılınır. Dört rek'at ilk sünnetten sonra dört rek'at farzı kılınır. Farzdan sonra da iki rek'at son sünneti kılınır.

<u>İlk Sünnetin Kılınışı:</u>

Suâl: **Öğle namazının ilk dört rek'at sünnetini nasıl kılarsın?**

Cevab: Şöyle kılarım:

Namaz kılacağım yere gelirim. Kıbleye yönelirim. Bu vaziyette iken, üç beş kere **"Estâğfirullâh, Estâğfirullâh"** derim. Yüce Rabbimin huzurunda olduğumu düşünerek kendimi derleyip toplayıp namaza vermeye gayret ederim. Ve:

1. **"Niyyet ettim Allah rızası için bugünkü öğle namazının dört rek'at ilk sünnetini kılmaya"** diye niyyet ederim.

2. Ellerimi kaldırıp **"Allâhü Ekber"** diyerek tekbir alır namaza başlarım.

3. Sübhâneke'yi okurum.

Sübhânekellâhümme ve bihamdik. Ve tebârakesmük. Ve teâlâ ceddük. Ve lâ ilâhe gayruk.

4. Eûzü Besmele çekerim.

Eûzü billâhimineş'şeytânir'raciym

Bismillâhir'Rahmânir'Râhiym.

5. "Fâtiha Sûresini" okuyup Âmin derim.

Fâtiha Sûresi

"Elhamdü lillâhi Rabbil'âlemiyn. Er'Rahmânir'Rahiym. Mâliki yevmiddiyn. İyyâke na'büdü ve iyyâke neste'ıyn. İhdinassırâtal'müstekıym. Sırâtalleziyne en'amte aleyhim, ğayrilmağdûbi aleyhim veleddâllîyn" Âmîn!

6. Ve "Fil Sûresini" okurum.

Fil Sûresi

Elem tera keyfe feale Rabbüke bi-ashâbilfiyl . Elem yec'al keydehüm fiy tadliyl . Ve ersele aleyhim tayran ebâbiyl. Termiyhim bi-hicâratim min sicciyl. Fece'alehüm ke'asfin me'kûl.

Bitince Tekbir alır yani; **"Allâhü Ekber"** diyerek,

7. "Rukû'a eğilirim". Bu durumda üç kere:

8. "Subhâne Rabbiyel-azîm" derim. Sonra:

9. **“Semiallâhü limen hamideh”** der doğrulur. **“Rabbenâ lekelhamd”** derim. Sonra **“Allâhü Ekber”** diyerek, secdeye giderim. Secdede iken üç kere:

10. **“Subhâne Rabbiyel’âlâ”** derim. Ve sonra tekbir ile secdeden doğrulur otururum. **“Subhânallâh”** diyecek kadar durup tekrar tekbir ile ikinci secdeye kapanıp en az üç kere **“Subhâne Rabbiyel’âlâ”** derim. Sonra **“Allâhü Ekber”** diyerek kıyâma (ayağa) ikinci rek’ata kalkar, ellerimi bağlarım.

İkinci Rek’at:

1 - İkinci rek’ata başlarken yalnız **Besmele** çeker, **“Fâtiha Sûresini”** okur âmin derim. Ve sonra:

2 - **“Kureyş Sûresini”** okurum.

Kureyş Sûresi

Li’îlâfi kureyşin îlâfihim Rıhleteş-şitâi vessayf. Fel’yâbüdü Rabbe hâzel’Beyt. Elleziy et’amehüm min cûiv ve âmenehüm min havf. Sûre bitince,

3 - **Rukû’a varırım.** Üç kere rukû tesbihini okurum. Ve:

4 - **“Semiallâhü limen hamideh”** diyerek doğrulurum. **“Rabbena lekelhamd”** derim.

5 - "Allâhü Ekber" diyerek secdeye kapanırım.

6 - Üç kere secde tesbihini okur, tekbir ile doğrulurum. "Subhânallâh" diyecek kadar dururum. Tekrar tekbir ile ikinci secdeye varır, üç kere tesbih "Subhâne Rabbiyel âlâ" der, doğrulup dizlerimin üzerine diz çöküp otururum. Bu şekilde otururken:

7 - "Ettehiyyâtü"yü okurum. Bitince hemen oyalanmadan tekbir ile ayağa üçüncü rek'ata kalkarım.

Üçüncü Rek'at:

1 - Yalnız "Besmele" çeker "Fâtiha Sûresini" okuyup, Âmin derim. Ve hemen

2 - "Mâûn Sûresini" okurum,

Mâûn Sûresi:

Eraeytelleziy yükezzibu biddiyn. Fezâlikelleziy yedûul yetiym. Velâ yehuddu alâ taâmil miskiyn. Feveylüllil musalliyn. Elleziynehüm an salâtihim sâhun. Elleziynehüm yürâûne ve yemneunel-mâûn. Bitince:

3 - "Allâhü Ekber" diyerek rukû'a eğilirim. Üç kere rukû tesbihini okur,

4 - "Semiallâhü limen hamideh" diyerek doğrulur. "Rabbenâ lekel'hamd" dedikten sonra tekbir ile secdeye giderim.

5 - Üç kere secde tesbihini söyler, tekbir ile doğrulurum. Tekrar tekbir ile ikinci secdeye varırım. Tesbihleri söyleyip bitince tekbir ile ayağa dördüncü rek'ata kalkarım.

Dördüncü Rek'at:

1 - Yalnızca **"Besmele"** çekip **"Fâtiha Sûresini"** okur. Âmin derim. Sonra:

2 - **"Kevser Sûresini"** okurum.

Kevser Sûresi:

İnnâ âtaynâ kel'kevser. Fesalli li'Rabbike venhar. İnne şânieke hüvel'ebter. Bitince tekbir ile,

3 - **Rukû'a eğilip üç kere rukû'** tesbihini söylerim. Sonra:

4 - **"Semiallâhü limen hamideh"** diyerek doğrulur, **"Rabbenâ lekel'hamd"** derim.

5 - Tekbir ile secdeye giderim. Secde tesbihlerini söyleyerek iki kere ardı ardına secde yaparım. Tekbir ile secdeden doğrulup otururum.

6 - **"Ettehiyyâtü, Allâhümme salli, Allâhümme barik ve Rabbenâ duâlarını"** okurum. Bitince başımı önce sağ tarafıma çevirip,

7 - **"Esselâmü aleyküm ve rahmetullâh"** sonra sol tarafıma çevirip, **"Esselâmü aleyküm ve rahmetullâh"** der selam veririm. Sonra da:

8 - "Allâhümme entesselâmü ve minkesselâm tebârekte yâ zel-Celâli vel İkrâm" duâsını okurum. Böylece öğle namazının dört rek'atlı ilk sünneti bitmiş olur.

Dikkat:

Ey Dinini Seven Kardeş! Hatırlatmak isterim ki, önce sûrelerin kendi özel isimlerini öğrenmek gerekir. Meselâ: **Fil Sûresi,** Kureyş Sûresi, **Maûn Sûresi,** Kevser Sûresi, gibi....

Sûreler bölümünde geçmişlerdir. Öğle namazında bu sûreleri örnek olarak verdim. Bu sûreler ezberlenirken kendi bölümlerindeki sayfalarından ezberlenecektir.

İlk namaza başlayanlar, bu sûreleri bilmiyorlarsa, **"Kevser"** ve **"İhlâs"** sûrelerini ilk etapta ezberlemelidir. 1.'nci rek'atta **"Kevser"** 2.'nci rek'atta ise, **"İhlâs"** sûresi okunur. Fâtiha ile bu iki sûre yeni öğrenen kimselere yeterli olabilir.

Şayet tam ma'nâsıyle namaz sûreleri ezberlenirse, kolayca namaz kılması da öğrenilebilir.

Yaz kurslarında çocuklarımıza bütün namaz sûreleri ezberletilmelidir. Anne-babalar ve böyle bir öğretim sorumlusu olarak görev yapan kardeşlerimize bir hizmet katkısında bulunursak bahtiyarız.

ÖĞLE NAMAZININ FARZI

Suâl: **Öğle namazının farzını nasıl kılarsın?**

Cevab: Öğle namazının farzı dört rek'atlı bir namazdır. Öğle namazının farzını yalnız, kendi başıma kılarsam şöyle kılarım:

"Niyet ettim Allâh rızası için bu günkü öğle namazının dört rek'at farzını kılmaya" diyerek niyyet ederim. Ve ellerimi kaldırıp namaza başlama tekbirimi alıp:

"Allâhü Ekber" derim. Ve ellerimi namaz duruşu olarak bağlarım,

"Sübhânekeyi" okur, **"Eûzü Besmele"** çekerim. Ve:

"Fâtiha" Sûresini okurum. **"Âmin"** diyerek:

"Kâfirûn Sûresini" okurum.

<u>Kâfirûn Sûresini:</u>

"Kul yâ eyyühel-kâfirûn. Lâ âbüdü mâ tâbüdûn. Ve lâ entüm âbidûne mâ âbüd. Ve lâ ene âbidüm mâ abedtüm. Ve lâ entüm âbidûne mâ âbüd. Lekûm dînüküm veliye din", derim. Sonra:

"Allâhü Ekber" der rukû'a eğilirim. Üç defa **"Sübhâne Rabbiyel'azıym"** deyip **"Semial-**

lâhü limen hamideh" diyerek doğrulurum. Sonra **"Allâhü Ekber"** diyerek secdeye giderim, secdede üç kere:

"Sübhâne Rabbiyel'âlâ" derim. **"Allâhü Ekber"** der doğrulurum, **"Sübhânallâh"** diyecek kadar durur, tekrar tekbir alarak ikinci secdeye varırım. Üç defa **"Sübhâne Rabbiyel'âlâ"** dedikten sonra **"Allâhü Ekber"** diyerek secde'den ayağa ikinci rek'ata kalkarım.

İkinci Rek'at:

Yalnız **"Besmele"** çeker **"Fâtihayı"** okur. Âmin derim. Sonra: **"Nasr Sûresini"** okurum:

Nasr Sûresi:

"İzâ cāe nasrullâhi velfeth. Ve raeyten'nâse yed'hulûne fî dîynillâhi efvâcâ. Fe'sebbih bi'hamdi Rabbike ves'tafir'hü innehû kâne tevvâbâ" derim.

Hemen **"Allâhü Ekber"** deyip rukû'a giderim.

"Sübhâne Rabbiyel'azıym" derim üç kere. Sonra **"Semiallâhü limen hamideh"** der rukû'dan doğrulurum. Doğrulunca **"Rabbenâ lekel'hamd"** derim ve **"Allâhü Ekber"** diyerek secdeye kapanırım, üç kere **"Sübhâne Rabbiyel'âlâ"** deyip sonra tekbir ile secde'den doğrulurum. Tekrar tekbir ile ikinci secdeye kapanırım, üç kere **"Sübhâne Rabbiyel'âlâ"** dedikten sonra tekbir yâni, **"Allâhü Ekber"** diyerek secde'den doğrulup otururum.

"Ettehiyyâtü"yü okurum. Hemen oyalanmadan **"Allâhü Ekber"** diyerek tekbirimi alıp ayağa (kıyâma) üçüncü rek'ata kalkarım: Ellerimi bağlayıp yalnızca:

Üçüncü Rek'at:

"Besmele" ile **"Fatiha'yı"** okur. **"Âmin"** derim. Hemen **"Allâhü Ekber"** deyip rukû'a giderim.

"Sübhâne Rabbiyel'azıym" derim üç kere. Sonra **"Semiallâhü limen hamideh"** der rukû'dan doğrulurum. Doğrulunca **"Rabbenâ lekel'hamd"** derim ve **"Allâhü Ekber"** diyerek secdeye giderim, üç kere **"Sübhâne Rabbiyel'âlâ"** derim ve tekbir alır secdeden doğrulurum, tekrar tekbir alır ikinci secdeye varırım. Üç defa **"Sübhâne Rabbiyel'âlâ"** derim. Tekrar tekbir alıp kıyâma (ayağa) dördüncü rek'ata kalkarım. Yalnızca:

Dördüncü Rek'at:

"Besmele" ile **"Fatiha'yı"** okur. **"Âmin"** derim. Hemen **"Allâhü Ekber"** deyip rukû'a giderim.

"Sübhâne Rabbiyel'azıym" derim üç kere. Sonra **"Semiallâhü limen hamideh"** der rukû'dan doğrulurum. Doğrulunca **"Rabbenâ lekel'hamd"** derim. Ve:

"Allâhü Ekber" diyerek secdeye giderim. Üç kere **"Sübhâne Rabbiyel'âlâ"** derim ve **"Tekbir"** alır secdeden doğrulurum. Tekrar "Allâhü Ekber" diyerek ikinci secdeye varırım. Üç kere **"Sübhâne Rabbiyel'âlâ"** dedikten sonra tekbir alarak secdeden doğrulur otururum.

"Ettehiyyâtü"yü, **"Allâhümme salli ve bâriki, Rabbenâ"** duâlarını okurum.

Sonra da önce sağ tarafıma:

"Esselâmü aleyküm ve rahmetullâh"

Sonra sol tarafıma:

"Esselâmü aleyküm ve rahmetullâh" diyerek başımı çevirir selâm veririm. Sonra da:

"Allâhümme entes-selâmü ve min kes-selâm, tebârekte yâ Zel Celâli vel-ikram" derim.

Ve böylece öğle namazının farzını kılıp bitirmiş olurum.

ÖĞLE NAMAZININ SON SÜNNETİ

Farzı kılıp bitirince hemen ayağa kalkar, son sünnete başlanır. Ve sabah namazının iki rek'at sünnetini kıldığımız gibi kılarız. İki rek'atlı namazların kılınışı hiç değişmez. Bu ölçüyü aklımızda tutalım. Şimdi gelelim son sünneti kılmaya.

Öğle namazının iki rek'at son sünnetini tıpkı sabah namazının sünneti gibi kılarım. Çünkü sabah namazının sünneti de iki rek'attır. Öğle namazının son sünneti de iki rek'attır. Onun için kılınışlarında bir ayrılık (fark) yoktur.

Yalnız niyyet'leri değişik, vakitleri değişiktir. Bununla beraber yine kısacıktan öğlenin son sünnetini bir târif edelim:

"Niyyet ettim Allâh rızâsı için bugünkü öğle namazının iki rek'at son sünnetine" diye niyyet ederim. Tekbir alır, el bağlarım. **"Sübhâneke"yi** okur.

"Eûzü Besmele" çeker, **"Fâtiha"**yı okurum. **"Âmin"** deyip arkasından hemen **"Felâk Sûresini"** okurum.

"Tekbir" alır rukû'a eğilirim, üç kere **"Sübhâne Rabbiyyel'azıym"** der. Sonra doğrulurum, tekbir alarak secdeye giderim, tekbir alır secdeden doğrulurum, tekrar tekbir alır ikinci secdeye varırım, secdeden tekbir ile doğrulur ikinci rek'ata kalkarım. Yalnızca:

İkinci Rek'at:

"Besmele" ile **"Fatiha"**yı okurum. **"Âmin"** deyip **"Nâs Sûresini"** okurum.

"**Tekbir**" alıp rukû'a eğilirim. "**Semiallâhü** limen hamideh" ile doğrulur, "**Tekbir**" ile secdeye varır, yine tekbir ile secdeden doğrulurum. Ve yine Tekbir ile ikinci secdeye varırım. "**Tekbir**" ile secdeden doğrulup otururum.

"**Ettehiyyâtü Allâhümmeleri, Rabbenâ**" duâlarını okur selâm veririm. Ve hemen "**Allâhümme Entesselâm ve minkesselâm...**" duasını okurum.

Böylece öğle namazı bitmiş olur. Sonra tesbih duâlarına başlanır. Tesbih duâlarını öğrenmek için kendi bölümüne bakınız.

İKİNDİ NAMAZI

İkindi namazı sekiz rek'attır. Önce dört rek'at sünnet, sonra da dört rek'at farz namazı kılınır.

Suâl: **İkindi namazının sünnetini nasıl kılarsın?**

Cevab: İkindi namazının sünnetini şöyle kılarım: "**Niyyet ettim Allâh rızâsı için ikindi namazının dört rek'at sünnetini kılmağa**" diye niyet ederim.

"**Sübhâneke**"yi okurum. "**Eûzü Besmele**" çeker "**Fatiha**"yı okuyup "**Âmin**" derim.

Fil Sûresini okurum.

Sonra **"Tekbir"** alır rukû'a eğilirim. Rukû'da üç kere **"Sübhâne Rabbiyel'azîm"** derim. Sonra;

"Semiallâhü limen hamideh" diyerek doğrulurum.

Tekrar **Tekbir** ile secdeye giderim. Secde tesbihini söylerim, **"Tekbir"** ile secdeden doğrulurum Tekbir ile ikinci secdeye varırım, üç kere

"Sübhâne Rabbiyel'âlâ" dedikten sonra "Tekbir" alarak ikinci rek'ata kalkarım:

<u>İkinci Rek'at:</u>

Yalnız **"Besmele"** çeker **"Fâtiha"**yı okurum "Âmin" derim.

"Kureyş Sûresini" okurum.

Bitince **"Tekbir"** alıp rukû'a eğilirim. Üç kere tesbih ederim. Sonra;

"Semiallâhü limen hamideh" diyerek rukû'dan doğrulurum.

Tekrar Tekbir ile secdeye giderim. **Secde tesbihini söylerim üç kere.** Tekbir ile secdeden doğrulur ve yine Tekbir ile ikinci secdeye kapanırım. Üç kere secde tesbihini söylerim. Sonra; Tekbir ile doğrulur otururum.

Namaz oturuşunda: Bu ilk oturuşta:

"Ettehiyyâtü"yü, "**Allâhümme sâlli ile Allâhümme bârik**" duâlarını okurum.

Bitince hemen Tekbir ile ayağa üçüncü rek'ata kalkarım:

Üçüncü Rek'at:

"**Sübhâneke**"yi okurum.

"**Eûzü Besmele**" çeker "**Fâtiha**"yı okur "**Âmin**" derim.

"**Mâûn Sûresini**" de okuyup.

Tekbir ile rukû'a varırım. Üç kere rukû tesbihini okurum. Sonra; "**Semiallâhü limen hamideh**" diyerek rukû'dan doğrulur, "**Rabbenâ lekel'hamd**" derim.

Sonra Tekbir ile secdeye giderim. Üç kere secde tesbihini söylerim ve. Tekbir alır secdeden doğrulur, tekrar Tekbir ile ikinci secdeye kapanırım. Üç kere "**Sübhâne Rabbiyel'âlâ**" dedikten sonra "**Tekbir**" ile kıyâma dördüncü rek'ata kalkarım.

Dördüncü Rek'at:

"**Besmele**" çeker "**Fâtiha**"yı okur "**Âmin**" derim. Ve:

"**Kevser Sûresini**" okurum.

Sonra Tekbir alır rukû'a eğilirim. Üç kere "**Sübhâne Rabbiyel'âzim**" derim. Sonra;

"Semiallâhü limen hamideh" diyerek doğrulurum Tekbir alır secdeye giderim. Secde tesbihini söyler ve Tekbir ile secdeden doğrulurum. Sonra Tekbir alıp ikinci secdeye kapanırım. Üç kere **"Sübhâne Rabbiyel'âlâ"** dedikten sonra Tekbir ile doğrulur otururum. Bu son oturuş halinde:

"Ettehiyyâtü Allâhümmeleri, Rabbenâ" duâlarını okur **"Selâm"** veririm.

Böylece ikindi namazının sünnetini bitirmiş olurum.

<u>*Dikkat:*</u> İkindi namazının sünnetinin ikinci rek'atında oturunca **"Ettehiyyâtü"**den sonra **"Allâhümme salli ve bârik"** salevâtı şerifeleri okunur. Bir de yatsı namazının ilk dört rek'at sünnetinin ikinci rek'atında oturduğumuz zaman da **"Ettehiyyâtü"**den sonra bu sâlevatlar okunur.

İkindi namazının dört rek'at sünnetiyle, yatsı namazının ilk dört rek'at sünnetlerine **"Sünneti gayr-i müekked"** ismi verilmektedir. İkinci rek'atında oturup kalkınca **"Sübhâneke"** ve **"Eûzü"** okunur. Sanki yeni namaza başlıyor gibi.

<u>*Dikkat:*</u> İkindi namazının sünnetini farzından önce kılmamız gerekir. Şâyet kılamazsak,

yani, ikindinin sünnetini farzından önce kılamazsak, önce ikindinin farzını kılmış isek, artık farzdan sonra sünnetini kılmayız, kılamayız.

Hatta ikindi namazını vaktinde yetişip kılamasak ve gün batarken kılacak olsak sadece farzını kılarız. Sünnetini kılmayız.

İKİNDİ NAMAZININ FARZI

Suâl: İkindi namazının farzına nasıl niyyet edersin?

Cevab: "Niyyet ettim Allâh rızâsı için bugünkü ikindi namazının farzını kılmağa" derim.

İkindi namazının farzını tıpkı öğle namazının farzını kıldığım gibi kılarım. Dört rek'atlı farzların hepsinin kılınış şekli aynıdır. Aradaki fark niyyetleridir.

Öğle namazının farzını öğrendiğimiz gibi, ikindi namazının farzını da öğrenmiş bulunuyoruz diyebilirim. Ancak öğlenin ***"farzına"*** ve ikindinin **"farzına"** diye niyyetleri ayrıdır. Başka söylenecek birşey yoktur. 4 rek'atlı farzların kılınışı aynıdır.

AKŞAM NAMAZI

***Suâl:* Akşam namazı kaç rek'attır?**

Cevab: Akşam namazı, beş rek'attır. Önce üç rek'at farz, sonra iki rek'at sünneti kılınır. Demek ki, akşam namazının farzı evvel kılınıyor, sünneti de, sonra kılınmaktadır. Bunu aklımızda tutalım.

***Suâl:* Akşam namazının farzını nasıl kılarsın?**

Cevab: Akşam namazının farzını şöyle kılarım: **"Niyyet ettim Allâh rızâsı için bugünkü akşam namazının üç rek'at farzını kılmaya"** diye niyyet ederim.

"Allâhü Ekber" diyerek iftitâh (başlama) tekbirimi alır, ellerimi bağlarım.

"Sübhâneke"yi okur, **"Eûzü Besmele"** çeker, **"Fatiha"**yı şerifeyi okurum. **"Âmin"** derim. Sonra:

"Tebbet Sûresini" okurum.

<u>Tebbet Sûresi</u>

"Tebbet yedâ Ebî-lehebiv ve tebb. Mâ ağnâ ânhü mâlühû ve mâ keseb. Seyaslâ nâran zâteleheb.Vemra'etühû hammâ letel hatab Fîcî dihâ

hablüm mimmesed" **"Tekbir"** alır rükû'a eğilirim. Rukû tesbihini okuyup.

"Semiallâhü limen'hamideh" der doğrulur, **"Rabbenâ lekel'hamd"** derim.

Ve Tekbir alarak secdeye giderim. Üç kere **"Tesbih"** eder (Yâni **"Sübhâne Rabbiyel'âlâ"** derim).

Tekbir ile secdeden doğrulurum. Tekrar **Tekbir** ile ikinci secdeye varırım. Secdeden sonra **"Tekbir"** alarak ayağa ikinci rek'ata kalkarım. Yalnızca:

İkinci Rek'at:

"Besmele" çeker, **"Fâtiha"**yı okurum. Âmin deyip, **"İhlâs Sûresini"** okurum:

Sonra Tekbir alarak rukû'a giderim. Rukû tesbihini söylerim. Ve:

"Semiallâhü limen hamideh" diyerek doğrulur, **"Rabbenâ lekel'hamd"** derim.

Tekbir ile secdeye giderim. Secde tesbihini söyler, Tekbir ile secdeden doğrulurum. Tekrar Tekbir alır ikinci secdeye varırım.

Tesbihimi söyler yine Tekbir ile secdeden doğrulur otururum. (İkinci rek'at oturuşu)

"Ettehiyyâtü"yü okurum. Bitince hemen,

"Allâhü Ekber" diyerek Tekbirimi alıp kıyâma (ayağa) üçüncü rek'ata kalkarım. Yalnızca:

Üçüncü Rek'at:

"Besmele" çekip **"Fatiha"**yı okurum. **"Âmin"** derim ve hemen **Tekbir** ile rukû'a eğilirim.

Rukû tesbihini söyler,

Semiallâhü limen hamideh der, doğrulurum, **Rabbenâ lekel hamd** derim. Ve Tekbir alır secdeye giderim. Secdede Tesbihleri söyler ve Tekbir ile secdeden doğrulurum ve yine Tekbir ile ikinci secdeye kapanırım. Tesbih eder sonra Tekbir ile doğrulur otururum.

"Ettehiyyâtü'yü, **Allâhümme salli** ve **bârik** ile **Rabbena"** duâlarını okurum. Sonra selâm veririm.

Dikkat: Her namazda selâm verince **"Allâhümme entesselâmü veminkesselâm...."** duâsı okunuyor.

Böylece akşam namazınının üç rek'at farzını kılmış ve bitirmiş olurum.

Ve aynı zamanda üç rek'atlı bir namazın nasıl kılınacağını da öğrenmiş olduk.

AKŞAM NAMAZININ SÜNNETİ

Suâl: **Akşam namazının sünnetini nasıl kılarsın?**

Cevab: Akşam namazının sünnetini tıpkı sabah namazının sünnetini kıldığım gibi kılarım.

Çünkü akşam namazının sünneti de iki rek'attır. Sabah namazının sünneti de iki rek'attır. Kılınış şekilleri aynıdır. Aralarındaki fark vakit ve niyyet'leridir. Akşam namazının sünnetine niyyet ederim:

"Niyyet ettim, Allâh rızâsı için akşam namazının sünnetine" derim.

Böylece akşam namazının sünnetini de öğrenmiş oldum. Bundan sonra tesbih duâlarımı çekerim.

YATSI NAMAZI

Suâl: **Yatsı nâmazı kaç rek'attır?**

Cevab: Yatsı namazı, on üç rek'attır. Önce dört rek'at ilk sünnet, sonra dört rek'at farz kılınır. Farz'dan sonra iki rek'at son sünnet kılınır. İki rek'at sünnet'den sonra da üç rek'at vitir namazı (Salât-i vitir) kılınır.

Suâl: Yatsı namazının dört rek'at sünnetini nasıl kılarsın?

Cevab: Şöyle kılarım:

"Niyyet ettim Allâh rızâsı için yatsı namazının dört rek'at sünnetini kılmaya" derim.

Böyle niyyet ettikten sonra tıpkı ikindi namazının dört rek'at sünnetini nasıl kıldımsa, yatsı namazının dört rek'at ilk sünnetini de öyle kılarım.

İkindi namazının sünneti ile yatsı namazının ilk sünneti, ***Sünnet-i gayri müekkede'***dir. Onun için kılınış şekilleri aynıdır. (Hatırlamak için ikindinin sünnetine bak.)

YATSI NAMAZININ FARZI

Suâl: **Yatsı namazının farzını nasıl kılarsın?**

Cevab: Yatsı namazının farzını şöyle kılarım:

"Niyyet ettim Allâh rızâsı için yatsı namazının farzını kılmaya" diye niyyet ederim.

Bundan sonra aynen Öğle ile İkindi namazının farzlarını kıldığım gibi kılarım. Dört rek'atlı farz namazların kılınış tarzları birdir. Aralarında hiç bir değişiklik yoktur. Sâdece niyyetleri ayrıdır (değişiktir).

YATSI NAMAZININ SON SÜNNETİ

Suâl: **Yatsı namazının iki rek'at son sünnetini nasıl kılarsın?**

Cevab: Şöyle kılarım:

"Niyyet ettim Allâh rızâsı için yatsı namazının iki rek'at son sünnetini kılmaya" diyerek niyyet ederim.

Bu şekilde niyyet ettikten sonra aynen sabah ile akşam namazının iki rek'atlı sünneti gibi kılarım. İki rek'atlı sünnetlerin kılınış şekilleri aynıdır. Aralarında fark yoktur. Sadece niyyetleri kendi vakitlerinin niyyetleridir.

SALÂT-İ VİTİR (VİTİR NAMAZI)

Suâl: **Vitir namazı nedir?**

Cevab: Vitir namazı vâcibdir.

Suâl: **Salât-ı vitir** (vitir namazı) **nasıl kılınır?**

Cevab: Vitir namazını şöyle kılarım:

"Niyyet ettim Allâh rızâsı için üç rek'at vitir namazını kılmaya" diye niyyet ederim.

"Sübhâneke"yi okurum

"Eûzü Besmele" çeker, **"Fâtiha"**yı okur, **"Âmin"** derim. Ve **"Asr Sûresini"** okurum:

Asr Sûresi

"Vel'asri innel-insâne lefiy husrin illel-leziyne amenû ve amilüs-sâlihâti ve tevâ-savbilhakkı ve tevâ-savbissabr."

Bitince rukû eder, secdelerimi yapar, Tekbir alır ikinci secdeden ayağa ikinci rek'ata kalkarım.

İkinci Rek'at:

"**Besmele**" ile "**Fâtiha**"yı ve "**Kevser sûresini**" okurum.

Kevser Sûresi

İnnâ âtâyna kel-kevser. Fe-salli li Rabbike venhar. İnne şânieke hüvel-ebter.

Tekbir ile rukû ve secdelerimi yaparım.

İkinci secdeden sonra oturur "**Ettehiyyâtü**"yü okurum. Tekbir ile kıyâma üçüncü rek'ata kalkarım.

Üçüncü Rek'at:

"**Besmele**" ile "**Fâtiha**"yı okur ve "**İhlâs Sûresini**" de okurum.

İhlâs Sûresi

Kulhüvallâhü ehad. Allâhüs-samed. Lem yelid ve lem yûled. Ve lem yekûllehû küfüven ehad.

Bitince "**Allâhü Ekber**" diyerek namaza ilk başlarken Tekbir aldığım gibi ellerimi kulaklarıma kaldırır (hanımlar omuzuna kadar kaldırır) ve ellerimi yine namaz duruşundaki gibi bağlarım. Ve **"Kunut"** duâlarını okurum:

Kunut Duâları

"Allâhümme innâ nes'teiynüke ve nes'tağfiruke ve nestehdiyke ve nü'minübike ve netûbü ileyke ve netevekkelü aleyke ve nüsniy aleykelhayre küllehû neş'küruke ve lâ nek'füruk. Ve nahleu ve netrukü mey yefcüruk."

"Allâhümme iyyâke na'büdü ve leke nüsalliy ve nescüdü ve ileyke nes'â ve nahfidü nercû rahmeteke ve nahşâ azâbeke inne azâbeke bilküffâri mülhık" derim.

Bitince Tekbir ile rukû'a gider ve secdeleri yapar otururum.

"Ettehiyyâtü, Allâhümmeleri ve **Rabbenâ"** duâlarını okuyup selâm veririm.

Ve böylece yatsı namazının **salât-ı vitir (vitir namazını)** da kılıp bitirmiş olurum.

CUMA NAMAZI

Cuma namazı kılmak, erkeklere farzdır. (Farz olan cuma namazı) cemâatla kılınır ve iki rek'attır.

Cuma namazı şöyle kılınır: Evvelâ cumanın dört rek'at sünneti kılınır. İç ezanı okunur.

Sonra imâm minbere çıkar, hutbe okur. Yâni cemâata karşı ayakta dîni, içtimâi konularda vaaz verir. Sonra kamet edilir, imâm cemâata iki rek'at farz namazı kıldırır. Biz cemâat, şöyle niyet ederiz: *"Niyyet ettim Allâh rızası için Cuma namazının farzına, uydum imama"*.

Farz bittikten sonra kendi başımıza yine dört rek'at cumanın son sünnetini kılarız. Bundan sonra dört rek'at Zuhr-u âhir kılarız. En son vaktin sünneti olarak iki rek'at daha kılarız. Böylece Cuma günü câmiye gittiğimizde (16) rek'at namaz kılmış oluruz.

Ey Dost! Cuma günü Cuma namazı için ezan okununca, Cuma namazı bitinceye kadar alışveriş yapmak harâmdır (günâhtır). Şu halde Cuma namazı üzerine farz olan her müslüman erkeğin (adamın) câmiye gidip namaz kılması şarttır.

***Suâl:* Zuhr-u Âhirin** (son öğle namazının) **niyyetini nasıl yaparız?**

Cevâb: "Niyyet ettim Allâh rızası için vaktine yetişip de henüz kılamadığım son öğle namazını kılmağa" diye yaparız.

Öğle namazının farzı veyahut 4 rek'at sünneti gibi kılarız.

Sünneti gibi de kılarız, farz ı gibi de. Her ikisi de câizdir. Sünneti gibi de kılınır, (demek, her dört rek'atta Fatihadan sonra bir sûre okuruz.) farzı gibi de (demek, son iki rek'atında Fatihadan sonra hiç bir sûre okunmaz demek olur.)

BAYRAM NAMAZI

Bayram namazı: Biz müslümanlar, senede iki defa Bayram namazı kılarız: Birisi Ramazan Bayramı, biri de Kurbân Bayramı'dır. Bayram namazları cemâatle kılınır. Yani biz müslümanlar imama uyarız. İmâm Bayram Namazının nasıl kılınacağını cemâate öğretir (târif eder). Biz de **"Niyyet ettim Allâh rızâsı için Bayram namâzına, uydum imâma"** diyerek niyyet ederiz.

TERAVİH NAMAZI

Ey hak yolcusu! Terâvih namazı kılmak sünnettir. Terâvih namazı (20) rek'attır. Ramazan gecelerinde yatsı namazının iki rek'at son sünnetinden sonra, Vitir namazından evvel kılınır. İki rek'atda bir veya dört rek'atda bir selam verilir.

"Niyyet ettim Allâh rızâsı için Terâvih namazı kılmağa, uydum imâma" diye niyyet edilir. Her selâmdan sonra salevât-ı şerîfe:

"Allâhümme salli alâ seyyidinâ Muhammedinin'nebiyyil'ümmiyyi ve alâ âlihi ve

sahbihi ve sellim" okunur. Terâvih cemâatla kılındığı zaman (3) üç rek'at Vitir namazı da cemâatle kılınır. **"Niyyet ettim Vitir namazına, uydum imâma"** diye niyet ederiz.

CEMÂATLA NAMAZ KILINCA

Ey dost! Cemâatla namaz kılmak demek, önde imam ve arkada birçok müslümanın sıra sıra saflar bağlayarak camilerde kılınan namazlar akla gelir. Bu durumda arkada cemâat olan müslümanlar, önce kılacak olduğu vaktin farzına niyet eder, Meselâ:

"Niyyet ettim öğle namazının farzına" der ve sonra da **"uydum imâma"** diyerek öndeki imama uyduğuna kalben niyet eder, dili ile de söylemesi iyi olur. İşte bu kural her müslümana (erkek olsun, kadın olsun) lâzımdır. Cemâatla namaz kılarken "uydum imama" sözü niyete ilâve edilir.

CENAZE NAMAZI

Ey Dost! Cenâze namazı: Ölen bir müslümanın üzerine sağ olan müslümanların kıldıkları namaza denir. Farz-ı kifâyedir. Bu namazı müslümanlardan bazıları kılarsa, diğer müslümanlar bu borçtan kurtulur.

Her cenâze için ayrı bir duâ vardır.

CENAZE DUASI BİLMEYENLER

Cenâze duâsını bilmeyenler üçüncü tekbirden sonra **"Rabbenâ âtinâ fiddünya haseneten ve fil'âhireti haseneten ve kınâ azâbennâr.**

Rabbenağfirlî velivâlideyye velil'mü'minîne yevme yakûmul'hisâb."

Duâlarını okuyabilir veya üçüncü tekbirden sonra Fatiha sûresini duâ niyyetiyle okuyabilir, veya kunut duâlarını okuyabilir.

Ey dost! Bu bilgiler, bilmeyenler veya yeni öğrenenler içindir. Bu konuları bilenler zaten biliyor, onlara söylemeye gerek yok.

Evet, cenâze denen olay, her müslümanın başından geçecek ve geçmekte olan bir acı gerçektir. Fakat bundan kurtulmaya da hiçbir yol yoktur. Şu halde bu gerçekleri öğrenmek bir fazîlettir. İnsanın canı ve ciğerinden bir ölünce hiç olmazsa onların cenaze namazını kılması insanlık gereğidir. İnsanım diyebilenin vicdanı bununla rahat bulur vesselâm!..

ABDEST NASIL ALINIR?

Sünnet üzere abdesti şöyle alırız:

Şekil: 1

"Niyyet ettim Allâh rızası için abdest almaya" deriz. *"Eûzü Besmele"* çeker ellerimizi üç kere temizce yıkarız. (Şekil: 1)

Ağzımıza sağ elimizle üç defa su alır, çalkalar, dişlerimizi ovalar temizleriz. Burnumuza üç defa sağ elimizle su çekip sol elimizle sümkürüp temizleriz. Yüzümüzün her tarafını üç kere yıkarız. (Şekil: 2)

Şekil: 2

Şekil: 3

Evvelâ sol elle sağ kolumuzu, sonra da sağ elle sol kolumuzu dirseklerimizle beraber yıkarız. (Şekil: 3)

Şekil: 4

Sağ elimizi ıslatarak içi ile başımızın en az dörtte birini meshederiz. (Şekil: 4)

Islak olan ellerimizin küçük ve şehâdet parmağıyla kulaklarımızın içini, baş parmağımızla da kulağımızın dışını yıkarız. (Şekil: 5)

Şekil: 5

Ş:6

Diğer üç parmağımızın dışıyla da ensemize meshederiz (sıvazlarız). (Şekil: 6)

Önce sağ, sonra sol ayağımızı topuk bilekleri ile beraber temizce yıkayarak abdestimizi tamamlamış oluruz. (Şekil: 7)

Ş:7

Ey dost! İlk abdest almaya başlayan müslümanlar, böyle anlattığım şekilde abdest alır. Yani; abdeste başlarken *"Eûzü Besmele"* çeker, bir de *"Niyyet"* eder, sonra her âzâsını yıkarken *"Besmele"* veya *"Kelime-i Şehâdet"* okur.

ABDESTİ BOZAN ŞEYLER

1. *Küçük veya büyük abdest etmek ve arkadan yellenmek.*
2. *Vücûdun bir yerinden kan ve irin çıkmak.*
3. *Ağız dolusu kusmak. Dişleri kanayınca ağızda tükrükle eşit kan gelmek, abdesti bozar.*
4. *Uyumak ve bayılmak, abdesti bozar.*
5. *Namazda iken yanındaki işitecek kadar gülmek.*

GUSÜL ABDESTİ ALIYORUM

Farz ve sünnetlerine uygun bir gusül (boy) abdesti şöyle alınır:

1. Besmele çekilir ve niyyet edilir: *"Niyyet ettim Gusül Abdesti almağa"* diye niyyet edilir.

2. Eller bileklere kadar güzelce yıkanır. Tırnaklar arasında birikmiş veya üzerlerine yapışıp kurumuş bir şeyler varsa onlar da temizlenir.

3. Bedenin başka taraflarında da pislikler varsa onlar da güzelce yıkanır.

Bilhassa vücuddan pislik çıkan yerler (Avret yerleri önceden iyice yıkanıp temizlenir).

4. Ağza bol su alınarak ta boğaza kadar gargara yapılarak ağız içi ve dişlerinin arası iyice çalkalanır ki, ağız temizlenir. "*Oruçlu olunursa boğaza su gitmesin diye gargara yapılmaz.*" Boğazı çalkalama işi üç kere tekrarlanır (sünnettir).

5. Buruna bol su çekilip üç kere yıkanır. İçinde kurumuş kir kalmasın diye sol el ile her su çekilişte iyice sümkürülüp temizlenir. Üç kere çekmek sünnettir. Bir kere çekmek farzdır. Bunları akılda tutmalıdır.

6. Aynen namaz abdesti gibi abdest alınır. Yânî, ağıza, buruna bol su verip yıkadıktan sonra diğer abdest âzâlarını da sırasıyla yıkar. Buna namaz abdesti gibi abdest almak denir. Eğer basılan yerde su birikiyorsa ayakları abdest alırken yıkamayıp gusül bittikten sonra, çıkarken yıkanır. Çünkü ayaklarının olduğu yerde yıkanma suyu birikmesi olduğu için, bu suda kirlendiği için su israfından kaçınmak için ayaklar çıkarken yıkanır.

7. Abdest aldıktan sonra evvelâ baş, sonra sağ taraf, sonra da sol taraf omuzlar üzerine

üçer defa su dökülür. Ve elin erebildiği yerlere kadar vücûd iyice oğuşturulur, hiç bir kuruluk kalmaksızın tepeden tırnağa kadar beden iyice yıkanır. Böylece kurallarına uygun tam bir gusül abdesti alınmış olur.

Ey dost! Gusülde vücudumuzu ovalamaktan amaç kuru bir yer kalmamak içindir. Bu gün evlerde modern banyolar var. Buralarda duşlardan akan bol sular var. Sabunu, şampuanları var. Bunlar önceden kullanılıyor. Yani, pisliklerin kirlerin temizlenmesi için sabun veya şampuan kullanılıyor. Bu şekilde temizlenen bir vücudda elbette ki, kuru bir yer kalmayacaktır. Sabunla veya şampuanla kirleri temizlenen bir vücud, pırıl pırıl olmuştur.

Gusül abdesti alırken, ağız, burun güzelce çalkalanıp vücud da tepeden akan su ile önce baş, sonra sağ, daha sonra da sol omuzlardan akan su ve serbest kalan ellerle vücud ovuşturulur. Elbet öyle gusül abdesti almak kolay ve temiz bir abdesttir. Su kendiliğinden akıyor, eller serbesttir, her tarafı ovalıyabiliyor.

Hulâsâ, önemli olan vücudda kuru bir yer bırakmamaktır. Küpe delikleri, dar yüzük altları, göbek çukurları, saç diblerine de suyun ulaşması da dikkat edilecek konudur.

ÇOCUKLARIMIZA
SUÂLLİ CEVABLI DÎNÎ BİLGİLER

- *Suâl:* Rabbin kimdir?
  Cevab: Allâhü Teâlâ
- *Suâl:* Seni kim yarattı?
  Cevab: Allâhü Teâlâ
- *Suâl:* Kimin kulusun?
  Cevab: Allâhın kuluyum.
- *Suâl:* Sen nesin?
  Cevab: Müslümanım
- *Suâl:* Peygamberin kimdir?
  Cevab: Hazreti Muhammed (A.S)
- *Suâl:* Babasının adı nedir?
  Cevab: Abdullah.
- *Suâl:* Annesinin adı?
  Cevab: Âmine Hâtun.
- *Suâl:* Peygamberimiz nerede doğdu?
  Cevab: Mekke şehrinde.
- *Suâl:* Hangi senede doğdu?
  Cevab: 571 senesinde doğdu.
- *Suâl:* Nerede vefat etti?
  Cevab: Medine şehrinde.

- **Suâl:** *Kaç yaşında vefat etti?*

  Cevab: *63 yaşında.*

- **Suâl:** *En çok kimi seversin?*

  Cevab: *Allâh'ımı, Peygamberimi.*

- **Suâl:** *Müslümanlığın kitabı nedir?*

  Cevab: *Kur'ân-ı Kerîm'dir.*

- **Suâl:** *Kur'ân nasıl bir kitabdır?*

  Cevab: *Allâh kitabıdır. Onun içindeki sözler, hepsi Allâh Teâlâ'nın mübârek sözleri ve yüce kelâmıdır.*

- **Suâl:** *Kur'ân'ı Peygamberimize kim getirdi?*

  Cevab: *Cebrâil (Aleyhisselâm) getirdi.*

- **Suâl:** *Cebrâil nedir?*

  Cevab: *Cebrâil dört büyük melekten biridir.*

- **Suâl:** *Dört büyük meleği sayar mısın?*

  Cevab: *Cebrâil, Azrâil, Mikâil, İsrâfil.*

Suâl: *Bunların vazifeleri nelerdir?*

Cebrâil: Vahiy meleğidir. Cenâb-ı Hak'kın kitablarını peygamberlere getiren melektir. Peygamberimize Kur'ân'ı Cebrâil (Aleyhisselâm) getirmiştir.

Azrâil: Ruhları almakla görevlidir. Kendisine Melekül-mevt = ölüm meleği denir. Her eceli gelenin canını Azrâil (Aleyhisselâm) alır.

Mikâil: Rızıkların dağılmasında, yağmurların yağmasında, rüzgârların esmesinde, nebâtâtın yetişmesinde görevlidir. Bütün canlıların rızkını Mikâil (Aleyhisselâm) dağıtır.

İsrâfil: **"Sûru"** üflemekle görevlidir. Kıyametle ilgili hususlarda İsrâfil (Aleyhisselâm) görevlidir.

Bu dört büyük meleğin emrinde görev yapan daha bir çok melekler vardır.

Meleklerin vazifeleri ayrı ayrıdır. ***"Hafaza Melekleri" "Münker ve Nekir"*** melekleri. ***Cennette görevli melekler, Cehennemde görevli melekler,*** *Zebaniler!...* ***Daha nice melekler vardır. Bunların sayasını ancak Allâh bilir.***

Her meleğin vazifesi ayrıdır. İnsanların iyiliklerini kötülüklerini yazan meleklere **"Kirâmen Kâtibin"** adı verilmiştir. Bunlar şerefli yazıcı meleklerdir.

Kabirde mevtâlara soru soran meleklere **"Münker ve Nekir"** adı verilmiştir.

İnsanların etrafında dolaşan meleklere **"Hafaza melekleri"** adı verilmiştir. Bunlar koruyucu meleklerdir.

Din Bilgileri

Suâl: *Kısaca Din nedir?*

Cevab: *Din Allâh kanunudur.*

Suâl: *Bu ne demektir?*

Cevab: *Din, Allâh'ın koyduğu bir kanundur. Dini Allâh kurar. Allâh'dan başka kimse din kuramaz. İlâhi dinlerin kurucusu Allâh'dır. Şöyle de diyebiliriz:* ***"Din, Allâh tarafından gönderilen ve bildirilen ilâhi bir kanundur."*** *Yani* ***"Allah kanunudur."*** *Dinin emirleri Allâh'ın emirleridir.*

Suâl: *Dinin bu gönderilişine ne denir?*

Cevab: *Dinin bu gönderiliş ve bildirilişine vahiy denir.*

Suâl: *Vahiy (vahy) ne demektir?*

Cevab: *Vahiy, Allâh dininin geliş yolu, gönderiliş şekli demektir.*

Allâhü Teâlâ, kendi vâz ettiği (koyduğu) dini peygambere vahiy yoluyla göndermiştir. İlâhi din, Hakk dinlerin geliş yolu vahiydir. Vahiy, çok zaman vahiy meleği Cebrâil Aleyhisselâm aracılığı (vasıtası) ile peygamberlere gelmiştir. Allâh, melek aracılığı olmadan da peygamberlerine vahiy göndermiştir.

Suâl: *Allâh dinini nasıl göndermiştir?*

Cevab: Allâh, dinini önce peygamberlerine göndermiş, peygamberler de, insanlaraümmetlerine bildirmişlerdir. Onun için insanların peygamberine bağlı olması gereklidir. Çünkü peygamber Aleyhisselâm, insanlara gönderilmiş Allâh'ın elçisidir. Allâh'ı sevmek peygamberi sevmekle olur. Allâh yoluna gitmek, peygamberin gösterdiği yoldan gitmekle olur.

Suâl: *Dinin tarifi var mıdır?*

Cevab: *Vardır. Dinin tarifi şöyledir:*

"Din, Allâh Teâlâ tarafından vâz edilen *(konulan)* ***ve peygamber*** *(Aleyhisselâm)* ***vasıtasıyla bildirilen bir kanuni ilâhidir ki, bu kanun aklı başında olan insanların kendi arzu ve istekleriyle hayra, iyiliğe ve manevî faydalı*** *(yararlı)* ***olan işlere sevkeder, dünya ve âhirette saâdet ve selâmete kavuşturur."***

İşte Türkçe dinin tarifi (tanımı-anlatımı) kısaca böyledir. Türkçemizde dine inanan ve dine bağlanan insanlara dindar denir. Dine inanmayan ve dine bağlanmayanlara da dinsiz, yani kâfir denir.

Suâl: *Din insanlara neler öğretir?*

Cevab: *Din, insanlara imanı, İslâmı, hakkı, bâtılı, helâlı, haramı, iyiyi, kötüyü, dünyayı, âhireti, geçmişi ve geleceği öğreten Allâh'ın kurduğu ilâhi bir müessesedir. İslâm dini müessesesini Allâh kurmuştur.*

Suâl: *Dinin gösterdiği yoldan gitmeyenler neler görecek?*

Cevab: *Dinin gösterdiği yoldan gitmeyenler çok aldanmışlardır. Bunların ne bu dünyada huzurları, ne de öbür dünyada (âhirette) rahat edilecek yerleri vardır. Dünyadaki yerleri sıkıntı ve huzursuzluk olduğu gibi, âhiretteki yerleri de Cehennem ateşidir.*

Ey Dost! Dünya da, âhiret de Allâh'ındır. İnsanları da Allâh yaratmıştır. Din Allâh'ın emir ve yasaklarıdır. Din, insanlara gelmiştir. İnsanım diyen herkes, bu dinin emirlerini, (yapınız dediklerini) yapmakla, yapmayınız dediği (yasakları) da yapmamakla yükümlüdür.

Allâh'ın emirlerini yapmayanlar, yasaklarından kaçmayanlar (sakınmayanlar) dine göre suç işlemişlerdir. Bu kimseler Allâh yanında suçlu sayılırlar.

Nasıl ki, bir devletin kanunlarını, saymayanlar hapishaneye atılırsa, Allâh'ın kanunu olan dînin emirlerini tanımayanlar da âhiretin hapishanesi olan Cehenneme, Cehennem ateşine atılırlar. Orada cezalarını çekerler ve çekmeleri de akıl ve mantık ile çok doğaldır, normal ve tabiidir.

İnsan bir toplu iğneyi dahi boş yere yapmıyor, bir iş görsün diye yapıyor. Peki Allâh bu kadar insanları, bu kadar dağları, taşları, ağaçları, ormanları, çiçekleri sözün kısası her şeyi boş yere mi yaratmış? Hâşâ, asla! Hiç boş yere yaratır mı? Bütün bu yaratılanların vazifesi (ödevi ve görevi) vardır...

İnsanın görevi Allâh'ı bir bilip, peygamberin gösterdiği din yolundan gitmek ve Allâh'ın emirlerini yapmak, yasak ettiği haram ve günah olan şeylerden kendini uzak tutup korumaktır. Madem ki dünyanın hapishanesi vardır. Âhiretin de hapishanesi olan, Cehennem vardır.

İnsanlar, âhirette bu dünyada yaptıkları kötülük ve suçlardan sorguya çekilecekler. İnsanların buradaki yapmış olduğu suçlar Allâh tarafından filme alınıyor, günah olan sözler de banda alınıyor. Âhirette sorguya çekilen günahlı (suçlu) kimseler, kendi suçlarını filmde görecekler, bandları dinleyecekler. Hiç inkar edemeyecekler. Evet bu suçları işledik, diye kendi dilleriyle ifâde verecekler. Allâh Teâlâ da sürün bunları Cehenneme diye emir verecektir. Ve Cehennemde cezalarını çekeceklerdir.

Ey Dost! Bütün insanların dünyada da, âhirette de mes'ut ve mutlu olması, kurtuluşa ermesi ve yükselmesi ve rahat etmesi ancak ve ancak İslâm dînine uymakla İslâmı kabul etmekle ve İslâmı yaşamakla mümkün olacaktır. İslâm dîninin dediklerini yapanlar, İslâmı yaşayanlar Cennette rahat bir hayata ulaşacaktır. Dindar insanlar dünyada vicdan rahatlığı, kalb huzuru ile yaşarlar. Dini sevemeyenler, dindar olmayanlar kalp sıkıntısı içinde bunalımlı bir hayat yaşarlar. Paraları bile olsa hiç huzurları yoktur. Her gün korkularından bin kere ölüp dirilirler. Halbuki mü'min ve müslümanlar hiç ölümden korkmazlar.

Çünkü bizim dînimiz İslâm, kitabımız Kur'ân, Peygamberimiz Hazreti Muhammed Aleyhisselâm'dır.

Gittiğimiz yol, iman ve ibadet yolu; Peygamberimizin yolunda gidenlerin yoludur. Allâh yolu, Peygamberimizin yoludur.

Kur'ân-ı Kerîm ve Peygamberimiz, yolumuzu aydınlatmış, bize dinimizi anlatıp öğretmiştir. Hak ve hakikatı (gerçeği) bildirmiştir.

En doğru din, İslâm dinidir. Biz de İslâm'dan başka bir din asla tanıyamayız. Allâh, **"İslâmdan başka bir din kabul etmiyor. Allâh indinde din, İslâm dinidir."**

Onun için dinimizi çok seviyoruz. Dinimiz ne derse onu yapıyoruz, yapacağız ve yapmalıyız.

Îman Bilgileri:

Suâl: Din dilinde İman ne demektir?

Cevab: Allâh'dan gelene inanmak demektir.

Îmanın din ma'nâsı, ***sevgili Pegamberimiz Hazreti Muhammed*** *(Aleyhisselâm)****'ın Allâh tarafından getirip haber verdiği şeylerin tümüne, hepsine birden kalb ile tasdik, dil ile ikrar etmek demektir. Îmanın dinde, din lisânında, şeriât dilinde ma'nâsı budur.***

Demek ki, kısaca îman:

"Allâh'dan geleni kalben tasdik *(kabul)* ***ve dil ile ikrar etmek*** **(söylemek)"** demektir.

Suâl: Îman kaça ayrılır?

Cevab: Îman, icmali ve tafsili diye iki kısma (iki bölüme) ayrılır.

Suâl: İcmâli îman ne demektir?

Cevab: İman edilecek olan şeylere kısa yoldan, kestirme olarak inanmak, iman etmek, kabul etmek demektir.

Suâl: Tafsili îman neye denir?

Cevab: Îman edilecek olan şeylerin her birini ayrı ayrı, açık ve geniş bir şekilde öğrenip belleyerek inanmaya, îman etmeye denir.

Suâl: İcmâli imanın faydası nedir?

Cevab: Îman edecek olan bir kimseyi bir anda Allâh'a bağlanması ve hidâyete eriştirmesidir.

İcmâli îman Kelime-i Tevhid ile olan imandır ki, bir kaç saniyede elde edilir. ***"Lâ ilâhe illallâh, Muhammedür-Resûlullâh"*** diyen kimse hemen mü'min oluverir. Buna da icmâli îman denir.

Yani, müslüman olmak isteyen bir kimse, şehâdet kelimesini söyleyerek hemen müslüman oluverir.

Suâl: Şu halde vakit geçirmeden müslüman olmak ne ile olur?

Cevab: Kelime-i Tevhid, veya Kelime-i Şehâdeti diliyle okuyup kalbiyle tasdik etmekle olur.

Suâl: Kelime-i Tevhidi söyler misin?

Cevab: Söylerim: "Lâ ilâhe illallâh, Muhammedur-Resûlullâh."

Ma'nâsı: ***Allâh'dan başka ilah*** *(ibadet edilecek-tapılacak Allâh)* ***yoktur. Hazreti Muhammed*** *(Aleyhisselâm),* ***Allâh'ın Resûlü, peygamberi = elçisidir."*** demektir.

Suâl: Şehâdet kelimesini söyler misin?

Cevab: Söylerim: *"Eşhedü enlâ ilâhe illallâh ve eşhedü enne Muhammeden abdühü ve Resûlüh."*

Ma'nâsı: "Şahâdet (dilim ile ikrâr, kalbim ile tasdik ederim) ki, Allâh'dan başka ilâh yoktur ve yine şehâdet ederim ki, Hazreti Muhammed (Aleyhisselâm) Allâh'ın kulu ve Resûlü=elçisi, peygamberi'dir." demektir.

Ey Hak Yolcusu! Îmanın en kısası, en mücmeli, hulâsası ve özeti **"Allâh'ı ve O'ndan geleni tasdik kabul etmektir."** Yani, Sevgili Peygamberimiz Hazreti Muhammed Aleyhisselâmın tebliğ buyurduğu, bildirdiği şeylerin hepsine (tümüne) birden inanmaktır. Bu da Kelime-i Tevhid (tevhid kelimesi) ve Kelime-i Şahâdet (şahâdet kelimesi) ile ifade olunup anlatılır. Buna da dinimizde icmâli îman denir.

Tevhid, birlemek demektir. Tevhid kelimesi Allâh'ın birliğini bildiren ve öğreten bir kelime demektir. Şahâdet kelimesi de Allâh'ın birliğine şahidlik (tanıklık) etmek demektir. Allâh'ın Peygamberi-Resûlü, elçisi olduğunu bildiriyor. Şahitlik ediyor demek olur.

Ey Hak Yolcusu! Bu bilgiler, çocukluğumuzda öğrenip tâ ölünceye kadar hiç unutmayacağımız bilgilerdir. Bu bilgiler, bizi Cennete götürecektir. Bizi Allâh'ın huzuruna çıkaracaktır. Cennette Allâh'ımızı gözümüzle göreceğiz. İnşallah. Aynı zamanda bu dünyada huzur ve rahat ile yaşamak istiyorsak bu bilgileri öğrenip hiç unutmamamız gerekiyor

Suâl: Tafsili iman ne demektir?

Cevab: Amentünün içindeki esaslara inanmak ve söylemektir.

Tafsili îman en azından *"Allâh, melek, kitap, peygamber, âhiret ve kader"* esaslarına inanmakla sağlanacaktır. Bu altı şart da "Amentü"nün içinde toplanmıştır.

Şu bir gerçektir ki, her aklı başında olan bir müslüman, icmâli îmanda kalmayıp tafsili îmana doğru yol alması, dininin esaslarını öğrenmesi kendi saâdeti icâbı (gereği)dir.

Hulâsa sözün kısası, tafsili îman en az "Amentü"nün içindeki altı esas ve şartı öğrenmek, inanmakla başlayıp dinimizi geniş bir şekilde ögrenmek ve esaslarını belleyip, şartlarını ezberleyip inanmak ve iman etmekle olacaktır. Amentünün izahı bu kitabımızın baş tarafında geçmiştir.

Suâl: Mü'min ne demektir?

Cevab: İnanan, îman eden, Allâh'a teslim olan ve ibâdet eden kimse demektir.

Mü'min ile müslüman çok zaman bir ma'nâya kullanılan kelimelerdir. Her mü'min, müslüman olduğu gibi, her müslüman da mü'mindir. İnanmadan müslüman olunmaz. İnanınca da müslümanlık yapılır.

Îman, inanmak, İslâm, teslim olmaktır. Mü'minlik îmandan gelir, müslümanlık İslâmdan gelir. İslâmı yaşayan kimseye müslüman denir. Îman eden kimseye de mü'min denir. Îman, İslâm, mü'min, müslüman çok kere aynı ma'nâlarda kullanılır. Îmansız müslümanlık olamaz, müslümanlıksız da îman olamaz. Bunun için bu kelimeler aynı ma'nâlara kullanılmaktadır.

Suâl: Şeriat ne demektir?

Cevab: Din demektir. Şeriat demek, İslâm dini demektir.

Şeriat, bizim mezhebimiz Hanefi mezhebine göre İslâm dini demektir: *"Peygamberimiz Hazreti Muhammed Aleyhisselâm'ın Allâh Teâlâ tarafından amele (işlemeye-yapılmaya) dair getirdiği dinimiz İslâmın hükümleridir. Allâh'ın emir ve yasaklarıdır."*

Şeriatın ma'nâsı budur. Allâh'ın emirleridir. Şeriat İslâm dini demektir. Şeriat din demek, din de şeriat demek olur.

Ey Hak Yolcusu! Bazı cahiller, dinimizi bilmediklerinden yanlış ve çok günahlı sözler konuşuyorlar:

"Ben dini isterim ama şeriatı istemem" diyorlar. Aman ha kardeş aman! Böyle söylemek çok günahdır. Küfürdür. Cahilce ve bilgi-

sizce söylenen bu sözler insanı dinden çıkarır, insanı kâfir eder. İnsanın imanını götürür. Îman gidince de insan kâfir olur. Îmansız insanlara kâfir denir. Dinsiz denir.

Hangi cahil kimse, şeriatı istemem derse Tevbe etmesi, îmanını yenilemesi gereklidir. Yoksa dinden çıkar. Kâfir yaşar dünyâda da haberi olmaz. Çünkü cahildir, dini bilmiyor. Âhirette Cehennem ateşinde devamlı kalacak ve yanacaktır. Milyon seneler Cehennemde kalacak, hiç çıkmayacaktır. Çünkü kâfir olanlar cehennem ateşinde ebedi ve devamlı kalacaktır.

Allâh böyle cahilce sözlerden bizi ve bütün müslüman yavrularımızı korusun. Âmin!..

Abdest:

Suâl: Abdest nedir?

Cevab: Ellerimizi yüzümüzü, dirseklerle beraber kollarımızı yıkamak, başımızın dörtte birini meshetmek, topuklarıyla birlikte ayakları yıkamaktır.

Abdest namazın on iki şartından birincisidir. Abdest ibâdetin temelidir. Temelsiz bina olmadığı gibi, abdestsiz de namaz olmaz. Abdestin bir ma'nâsı da temizliktir. Temizlik olmadan ibâdet yapılamaz.

Gusul:

Suâl: Gusul ne demektir?

Cevab: Boy abdesti demektir. Yani, bütün vücudu yıkamaya gusul denir.

Açıklama: Hiç bir kuru yer kalmamak üzere, tepeden tırnağa kadar bedenin her tarafını yıkamaya gusul denir.

Gusul etmek, maddi ma'nevi temizlik demektir. Büyükler için gusul etmesi gereken insanların hemen gusul etmeleri Allâh'ın kesin emridir. Ma'nevi bir pislik olan gusul gerektiren hal'den sıkıntı ve huzursuzluktan gusul ile temizlenip kurtulur.

Teyemmüm:

Suâl: Teyemmüm nedir?

Cevab: Su bulunmadığı zaman, abdest ve gusül almakta suyun yerini tutan temizliktir.

Teyemmüm, temiz toprak, veya taş, kum ve kiremit, tuğla gibi toprak cinsinden olan bir şeye, teyemmüme niyyet ederek, ellerini vurup yüzünü ve kollarını meshetmektir. Dinimizde teyemmüm bu demektir.

Teyemmüm etmek, dinimizin kolaylık dini olduğunun örneğinden biridir. Su bulamazsa veya bulup da kullanmaya gücü yetmezse, gusul ve abdest yerine teyemmüm eder; ve ibâdetlerini yapar.

Meshetmek:

Suâl: Mest üzerine meshetmek ne demektir?

Cevab: Abdestte, ayakların yıkanması farz olan kısımlarını örtecek bir şekilde deri ve buna benzer giyilecek şeye ıslak elle meshetmektir.

Dinimizce mesh üzerine meshetmek de kolaylıklardandır. 24 saat mestin müddeti vardır. yolcu olanlar için 72 saat bir müddeti vardır.

Suâl: Haram nedir?

Cevab: Yapılması ve işlenmesi Allâh tarafından yasak edilen işlerdir. Haksız yere insan öldürmek, rakı, şarap, bira gibi sarhoşluk veren alkollü içkileri içmek, hırsızlık etmek, yalan söylemek, anne babaya isyan edip karşı gelmek gibi şeyler hep haramdır. Bunlardan ve haram olan şeylerden birini işlemek Allâh'a karşı gelmektir. Günahtır.

Suâl: Haramı inkâr eden ne olur?

Cevab: Haramı inkâr eden dinden çıkar, kâfir olur. Helâl olan bir şeyi de haram diyen aynen dinden çıkar, kâfir olur, Cehennem ateşinde yanarlar. Onun için farzları, vacibleri, haramları, müfsidleri iyi bilip öğrenmeli ve kendini ona göre ayarlamalıdır.

Suâl: Şeytan nedir?

Cevab: İnsanı kötülüğe çeken, insanın içine kötü şeyler fısıldayan, insanı aldatmak için ve kötü şeyler peşinde koşturmak için insanın bağrında vesvese, kötülükler fısıldayan ve gözle görülmeyen gizli bir varlıktır.

Suâl: Şeytanlara karşı nasıl hareket ederiz?

Cevab: Şeytanların her fısıltısını her aldatmasını kabul etmeyiz, onları reddetmekle sorumluyuz.

Suâl: Niçin şeytanları reddederiz?

Cevab: Müslümanlıkta iman, amelin esası olduğundan, iman amel ile, iyi işler ile korunduğundan, bizler de, insanı iyiliğe götüren her şeye inanır ve iyilikler peşinde koşarız.

Bizi kötülüğe sürükleyen her şeyi reddeder, kabul etmeyiz. Şeytanı reddetmek, onun vereceği bütün telkinlere, fısıltılara, vesveselere karşı gelmek, şeytanın yolundan yürümemek ve şeytandan uzak durmak demektir.

Aynı zamanda, şeytan gibi, insanı kötülüğe götüren kötü ruhlu insanlardan, şeytanlık yapan, kötü ve günah olan şeyleri öğüdleyen arkadaşlardan da kendimizi korumalıyız.

Ey Dost! İnsana kötülük veren ve insana kötülük yaptıran her şeyde şeytanın parmağı vardır. Allâh Teâlâ, Kur'ân'da, Nâs sûresinde **"İnsana kötülük eden cin şeytanının ve insan şeytanının şerrinden Allâh'a sığının"** diye buyuruyor. Demek ki, kötülük yapan her şeytan reddedilecektir. Şeytanın ve kötü arkadaşın dediklerini yapmak insanı Cehenneme götürür. Bu dünyada da hapishaneye götürür.

Suâl: Sevab neye denir?

Cevab: Allâh Teâlâ'nın rıza ve hoşnutluğuna erişmek için yapılan ibâdetler, hayırlar, iyilikler ve yardımlara sevab denir.

Sevab, Allâh Teâlâ tarafından mükâfatlandırılır. Sevab, Allâh'ımızın yapınız diye emrettiği şeylerdir. Sevab, Peygamberimizin gittiği yolda gitmektir.

Allâh'ımızın sevmediği, hoşlanmadığı şeyleri yapmak ve söylemek günahtır. Sevgili Peygamberimizin sevmeyip hoşlanmadığı işleri ve hareketleri işlemek, yapmak da günahtır.

Suâl: Günah neye denir?

Cevab: Allâh Teâlâ'nın yapmayınız diye yasak ettiği şeylere günah denir.

Suâl: Günahın Türkçesi nedir?

Cevab: Günahın Türkçesi, suç demektir. Günahkâr, suç işleyen adam demektir. Günahkâr adama suçlu adam denir. Günahsız adama suçsuz adam denir.

Allâh'ımızın istemediği şeylerden birini yaparsak, Allâh günahlarımızı affetsin, suçlarımızı bağışlasın deriz.

Günah, Allâh'ımızın sevmediği, Peygamberimizin istemediği bir yolda gezmek, yürümek demektir. Allâh, günahlarımızı, hata ve kusurlarımızı, suçlarımızı affetsin diyerek Tevbe ederiz, pişmanlık duyarız, günahtan temizlenmek isteriz. Allâh, günahlarımızı affeder, temizleniriz.

Suâl: Tevbe ne demektir?

Cevab: Yapılan suçdan pişmanlık duymaktır. Tevbe Allâh'a yönelmektir. Yaptığı günahlardan dolayı pişman olup Allâh'tan af dilemek, suçunun bağışlanmasını istemek Tevbe demektir.

Bir kimse yapmış olduğu suçlardan dolayı Tevbe ederse, Allâh tevbesini kabul eder. Kulunu cezalandırmaz. Tevbe eden insan temiz insandır.

Suâl: Allâh Teâlâ'nın yapınız diye emrettiği şeyler nelerdir?

Cevab: Farz, vacib, sünnet ve müstehab olan şeylerdir.

Suâl: Allâh'ın emirleri ne demektir?

Cevab: Yapınız diye emrettiği buyruklarıdır. Farzlar, vacibler, sünnetler, müstehablar Allâh'ın emirleridir. Yapılıp yerine getirilmeleri gereklidir.

Suâl: Farz, kaç kısma ayrılır?

Cevab: Farz, ikiye ayrılır: 1-Farz-ı Ayın, 2-Farz-ı Kifâye.

Suâl: Farz-ı Ayın neye denir?

Cevab: Yapılması her müslüman üzerine gerekli olan farzlardır. Beş vakit namaz kılmak. Ramazan ayında oruç tutmak, zengin olan müslümanların zekât vermesi ve hacca gitmesi gibi... Bu farzları her müslüman kendisi teker teker yapmakla görevlidir. Başkası tarafından yapılması câiz olmaz.

Suâl: Farz-ı Kifâye neye denir?

Cevab: Yapılması bütün müslümanların üzerine farz olup bir kısım müslümanların yapması ile diğer müslümanların günahdan kurtuldukları farzdır. Cenâze namazı, selâm ve memlekete giren düşmanı kovmak gibi. Bir mahalledeki cenâzeyi kaldırmak tüm mahalle müslümanlarının üzerine farzdır. Mahelleden üç beş kimsenin cenâzeyi kaldırması mahalle müslümanlarının üzerinden günahı ve cenâzeyi kaldırma borçluluğunu kaldırır. Bir kimsenin selâm vermesi, bir kişinin de alması selâm borçluluğundan diğer müslümanları kurtarır.

Suâl: Farzı terkeden (işlemeyen)'ler ne olur?

Cevab: Cehennem azabına uğrarlar, âhirette Cehennem ateşinde, cayır cayır yanacaklardır.

Suâl: Farza inanmayan, inkar eden ne olur?

Cevab: Farzı inkâr eden, dinden çıkar, kâfir olur. Eğer tevbe etmezse Cehennemde devamlı olarak yanacaktır.

Suâl: Sünnet nedir?

Cevab: Sünnet Farz ve vâcibden ayrı olarak, Peygamber Efendimizin sürekli olarak işlediği ve bize işlememiz için emrettiği şeylerdir.

Sünnet ikiye ayrılır: Sünnet-i Müekkede, Sünnet-i gayr-ı Müekkede.

Sünnet-i Müekkede: Peygamber Efendimiz (Aleyhisselâm)'ın devamlı olarak işlediği sünnetlerdir. Sabah ve öğle namazının sünnetleri gibi.

Sünnet-i gayr-i Müekkede: Peygamber Efendimiz (Aleyhisselâm)'ın bazen terkettiği sünnetlerdir. İkindi ve yatsı namazının ilk 4 rek'at sünnetleri gibi.

Suâl: Afv-Afüv, ne demektir?

Cevab: Bağışlamak. Kusur ve günahları affetmek demektir.

Aff-(Afv)'ın, kusur, hata ve günah ile çok ilgisi vardır. Bir kul günah işlediği vakit, hemen pişmanlık duyup günahından tevbe ederse Allâh Teâlâ o kulunu affeder, tevbe eden o kulunun suçunu, günahını bağışlar. Allâh Teâlâ'nın affına mazhar olmuş denir.

Suâl: Zikir "Zikr" ne demektir?

Cevab: Anmak, hatırlamak. Çok çok Allâh Teâlâ'yı anmak ve büyüklüğünü düşünmek demektir.

Suâl: Duâ ne demektir?

Cevab: Duâ, Cenâb-ı Hakk'a yalvarmak ve O'dan yardım istemektir. Duâ en büyük bir ibadet ve en kuvvetli bir niyazdır

Duâ ile zikir çok büyük bir yalvarıştır. Allâh Teâlâ, *"Ey mü'min kullarım! Bana duâ ediniz ki, duânızı kabul edeyim"* buyuruyor. Yine *"Ey mü'min kullarım! Beni çok çok hatırlayınız - zikrediniz ki, ben de sizi hatırlayayım (günahla-*

rınızı affedeyim)" buyuruyor. Demek ki, duâ ile zikir Allâh'ın rızâ ve hoşnutluğunu kazanmak için en büyük bir nimettir.

Cenâb-ı Hak, ***"Duânız olmasa ne değeriniz olurdu!"*** buyurarak mü'min ve müslümanlar için duâ etmenin çok büyük bir sevâbı olduğu bildiriliyor.

Bizler her zaman duâ ederiz. Annemiz babamız hastalansa hemen Allâh'a duâ ederiz. "Ya Rabbi, anneme-babama iyilik ver." diye yalvarırız. Bir sıkıntı, bir kederimiz olsa, canımız sıkılsa duâ ederiz. Bir şeyden korksak hemen Allâh'a sığınır duâ ederiz.

Suâl: İbâdet ne demektir?

Cevab: Allâh'a kulluk etmek. Cenâb-ı Hakk'a tapmak. Allâh Teâlâ'ya saygı ve ta'zim göstermek. Allâh'a karşı kulluk alâmeti olarak gösterilen en güzel kulluk şekli ibâdet ile olur. İbâdet yalnız Allâh'a yapılır. Allâh'dan başka bir varlığa ibadet etmek günahdır.

Suâl: Allâh için yapılan en büyük ibâdet nedir?

Cevab: Allâh'a yapılan en büyük ibâdet namazdır. Namaz da Allâh Teâlâ'nın büyüklüğünü gösteren bütün saygı ve hürmet nişâneleri vardır. Namazda el pençe divan durup, başımızı eğip belimizi büküyoruz. Yerlere kadar kapanıp secdeler ediyoruz. Yüzümüzü yerlere sürüyoruz, yalvarıp duâlar okuyoruz. Böylelikle Allâh'ın büyüklüğünü, yalnız ve yalnız O'na kulluk ettiğimizi söylüyoruz demektir.

Suâl: İslâm'da kaç çeşit ibâdet vardır?

Cevab: Üç çeşit ibâdet vardır: 1- Beden ile yapılan ibâdet. Namaz kılmak, oruç tutmak gibi. 2- Mal ile yapılan ibâdet. Zekât vermek gibi. 3- Hem mal ile hem de beden ile olan Hac ibâdeti de vardır.

İbâdet, insanı insan eder. İbâdet yapan insan her zaman Allâh ile beraber olur. Allâh sevgisi, Allâh korkusu ile yaşar. Her ibâdette Allâh'ın huzurunda durduğunun faydalarını görür. Akıllı insanlar hiç bir zaman ibâdet için yaratıldığını unutmaz. ibâdet etmek insanın kendi değerini bilmesi demektir. Allâh, insanları ibâdet için yaratmıştır. Her akıllı insan bu vazifeyi yerine getirmek için çalışır.

Suâl: İnsan niçin yaratılmıştır?

Cevab: İnsan, Allâh Teâlâ'yı bilip O'na (Allâh'a) kulluk (ibâdet) etmek için yaratılmıştır. Cenâb-ı Hak, Kur'ân-ı Kerîm'de şöyle buyuruyor:

"İnsanları da, cinleri de yalnız ve yalnız bana inanıp imân ederek ibâdet ve kulluk etmeleri için yarattım."

Mezheblerimiz:

Suâl: Mezheb nedir?

Cevab: Mezheb, gidilecek din yolu demektir. Mezheb, Mezheb imamlarının edille-i şer'iyye'den çıkardıkları hükümler ve meselelerdir. İki kısma ayrılır:

1. *İtikâtî mezhebler,*
2. *Amelî mezhebler,*

İtikâdda mezhebimiz, ***ehl-i sünnet vel Cemâat mezhebi;*** yâni Peygamber Efendimizin yolunda ve gösterdiği yolda gidenlerin mezhebidir. İmâmımız, Ebû Mansûri Matürîdî'dir.

İmâm-ı Matürîdî Hicrî 280 senesinde doğmuş 333 senesinde vefât etmiştir.

Amelde Mezheb 4'dür

1. **Hanefî mezhebi,**
2. **Şâfiî mezhebi,**
3. **Mâlikî mezhebi,**
4. **Hanbelî mezhebi,**

Bizim mezhebimiz *Hanefi* mezhebidir. **Kurucusu, İmâm-ı Azam Ebû Hanife**'dir. Adı **Nûman,** babasının adı **Sâbit**'tir. Hicretin 80'nci yılında Kûfe'de doğmuş, 150'nci yılında Bağdat'ta vefât etmiştir.

İmâm-ı Şâfiî, Hicretin 150'nci yılında doğmuş, 204 yılında vefât etmiştir.

İmâm-ı Ahmed Bin Hanbel, 164 Hicrî de doğmuş, 241'de vefât etmiştir.

İmâm-ı Mâlik, Hicrî 93'de doğmuş, 179'da vefât etmiştir.

Ef'âl-i Mükellefin:

Suâl: Ef'âl-i Mükellefin kaçtır?

Cevab: Sekizdir. Farz, Vâcib, Sünnet, Müstehab, Mübâh, Harâm, Mekrûh, Müfsid.

Bu sekiz madde mükelleflik (ergenlik) yaşına giren kimselerin yapacağı işler demektir.

Farz: Kat'i Delil ile sâbit olan (bilinen) Allâh'ın emridir.

Vacib: Farz kadar açık ve kesin delile dayanmamakla beraber yapılması farz gibi mecburi olan Allâh emridir.

Sünnet: Farz ve vâcibden fazla olarak, Peygamber Efendimizin işlediği ve bize emrettiği şeylerdir.

Müstehab: İşlenmesinde sevâb olan, terkinde (işlenmemesinde) de günah olmayan şeylerdir.

Mübâh: Yapılmasında sevâb olmayan, yapılmamasında da günah olmayan şeylerdir. Yemek, içmek, uyumak gibi.

Harâm: Allâh'ın açıkça yapmayınız diye, yasak ettiği günah olan şeylerdir. Ana babaya asi gelmek, hırsızlık, yalan söylemek, yalan yere şahitlik etmek, kumar, içki... gibi. Dinen (Şer'an) yapılması yasak olan şeylerdir. Harama helâl diyenler dinden çıkar, kâfir olur.

Mekrûh: İbâdette sevilmeyen şeyler, abdest alırken konuşmak gibi. Mekrûhu işleyenler sorguya çekilirler.

Mekrûh iki çeşittir: 1. Tahrimen mekrûh: Harama yakın olan mekrûh demektir. 2. Tenzihen mekrûh: Helâle yakın olan mekrûh demektir.

Müfsid: Başlanmış bir ibâdeti bozan şeylerdir (Namazı, orucu bozan şeyler gibi). Namazda gülmek, oruçlu iken bir şeyler yemek, içmek gibi şeylere Müfsid denir. Bunların bile bile yapılması günahtır.

Edille-i Şer'iyye:

Suâl: Edille-i Şer'iyye ne demektir?

Cevab: Şer'i deliller (dini ölçüler)demektir.

Ey Hak Yolcusu! Her şeyin, her işin iyisini, kötüsünü en güzel bir şekilde Din ve Şerîat ayırt eder.

Dînen uymak mecburiyetinde olduğumuz deliller, *(Şerîat'ın hükümleri)* başlıca dörde ayrılır: Kitab, sünnet, İcmâ-ı Ümmet, Kıyâs-ı Fukahâ'dır. (Biraz izah edelim).

Birincisi: Kitab (Kur'ân-ı Kerim).

İkincisi: Sünnet (Peygamberimizin Kur'ân-ı Kerîm'i izah ve tefsir eden sözü, işleri, hal ve hareketleri).

Üçüncüsü: Ümmetin icmâı (Din Müctehidlerinin en büyük müslüman âlimlerinin Şer'i bir hüküm üzerine birleşmeleri).

Dördüncüsü: Fakihlerin kıyaslamaları (Kur'ân ve Hadis'le açıklanmayan şer'i bir mes'eleyi Kur'ân ve Hadis ile açıklanan başka şer'i bir hükme benzetme yoluyla uygulamalarıdır).

İşte yaptığımız her işimiz Şer'i (Dînî) ölçülerimiz bu dört ölçüdür. Müslümanın her işinde böyle ölçülü hareket etmesi mecburiyeti vardır.

Kalû Belâ ne Demektir?

Suâl: Ne zamandan beri müslümansın?

Cevap: (Kalû belâ) dan beri müslümanım.

Suâl: Kâlû belâ ne demektir?

Cevap: Ahdi misâk (söz verme-sözleşme zamanı) demektir. Yani, Allâh dünyayı ve bütün varlıkları yaratmadan önce, bütün gelmiş ve gelecek insanların ruhlarını yaratmış ve bütün ruhları (Kendi huzurunda) (Huzuru ilâhisinde) toplayarak **"Elestü birabbiküm = Ben sizin Rabbınız değilmiyim?."** diye suâl buyurduğunda (sorduğunda) Ruhlar da: **(Kâlû belâ):**

—**"Evet, yâ Rabbi! Sen bizim Rabbımızsın."** dediler. O zamandan beri müslümanım demektir.

TOPLUCA 32 FARZ

Altısı İmânın Şartı:

1. *Allâh'ın varlığına ve birliğine,*
2. *Allâh'ın meleklerine,*
3. *Allâh'ın kitaplarına,*
4. *Allâh'ın Peygamberlerine,*
5. *Ahiret gününe,*
6. *Kadere, hayır ve şerrin*
   Allâh'tan olduğuna inanmaktır.

Beşi İslâmın Şartı:

1. *Kelime-i Şehâdet getirmek.*
2. *Namaz kılmak.*
3. *Oruç tutmak.*
4. *Zekât vermek.*
5. *Hacca gitmek.*

Dördü Abdestin Farzı:

1. *Bir kere elini yüzünü yıkamak.*

2. *Kollarını dirsekleriyle beraber yıkamak.*

3. *Başının dört bölükte bir bölüğünü meshetmek.*

4. *Ayaklarını topuklarıyla beraber yıkamak.*

Üçü Guslün Farzı:

1. *Ağzına su vermek.*

2. *Burnuna su vermek.*

3. *Bütün bedenini yıkamak.*

İkisi Teyemmümüm Farzı:

1. *İki darb **(elleri toprağa vurup yüze sürmek).***

2. *Bir niyyet **(teyemmüme niyyet)** etmek.*

Onikisi Namazın Farzı:

Namazın farzlarından:

Altısı içinde, altısı dışındadır. İçinde olanlara rükün, dışında olanlara şart denir.

Dışında Olanlar:

1. *Hadesten tahâret:* (Abdest almak)

2. *Necasetten tahâret:* (Namaz kılacağı yerin temizliği.)

3. *Setr-i avret:* (Namazda örtülü olmak.)

4. *İstikbal-i kıble:* (Kıbleye dönmek)

5. *Vakit:* (Her namazı vaktinde kılmak.)

6. *Niyyet:* (Her namaza niyyet etmek.)

Bunlar namaza başlamadan önce yapılması gereken şartlardır.

İçinde olanlar:

1. *İftitah tekbiri:* (Namaza "Allâhü Ekber" diyerek başlamak.)

2. *Kıyam:* (Namazda ayakta durmak.)

3. *Kırâat:* (Namazda Kur'an okumak.)

4. *Rukû':* (Ellerini dizlerine koyarak eğilmek.)

5. *Sücud:* (Namazda birbiri ardısıra secdeye kapanmak.)

6. *Kâde-i âhirede teşehhüd miktarı oturmak:* (Yani namazın sonunda Ettehiyyatüyü okuyacak kadar oturmak.)

Böylece 32 Farzı kısaca görmüş olduk.

Her anne baba, bütün evladlarına daha çocuk yaşında iken 32 farz bilgisini şu yazdığımız özet hali ile öğretmesi boynuna bir din borcudur.

AYETEL'KÜRSİ

بِسْمِ اللّٰهِ الرَّحْمٰنِ الرَّح۪يمِ

اَللّٰهُ لَٓا اِلٰهَ اِلَّا هُوَۚ اَلْحَيُّ الْقَيُّومُۚ لَا تَأْخُذُهُ سِنَةٌ وَلَا
نَوْمٌۜ لَهُ مَا فِي السَّمٰوَاتِ وَمَا فِي الْاَرْضِۜ مَنْ ذَا الَّذ۪ي يَشْفَعُ
عِنْدَهُٓ اِلَّا بِاِذْنِه۪ۜ يَعْلَمُ مَا بَيْنَ اَيْد۪يهِمْ وَمَا خَلْفَهُمْۚ وَلَا يُح۪يطُونَ
بِشَيْءٍ مِنْ عِلْمِه۪ٓ اِلَّا بِمَا شَٓاءَۚ وَسِعَ كُرْسِيُّهُ السَّمٰوَاتِ وَالْاَرْضَۚ
وَلَا يَؤُ۫دُهُ حِفْظُهُمَاۚ وَهُوَ الْعَلِيُّ الْعَظ۪يمُ

Bismillâhir'Rahmânir'Rahiym

Allâhü lâ ilâhe illâ hüvel'Hayyül'Kayyûm, lâ te'huzühû sinetüv velâ nevm, lehû mâ fissemâvâti ve mâ fil'ard. Men zellezî yeşfeu indehû illâ bi'iznih, ya'lemü mâ beyne eydîhim vemâ halfehüm, velâ yühîtûne bi'şey'im min ilmihî illâ bimâ şâe vesia kürsiyyühüssemâvâti vel'ard. Velâ yeûdühû hıfzuhümâ ve hüvel'aliyyül'aziym.

KADİR SÛRESİ

بِسْمِ اللّٰهِ الرَّحْمٰنِ الرَّح۪يمِ

اِنَّٓا اَنْزَلْنَاهُ ف۪ي لَيْلَةِ الْقَدْرِ ۝ وَمَٓا اَدْرٰيكَ مَا لَيْلَةُ
الْقَدْرِ ۝ لَيْلَةُ الْقَدْرِ خَيْرٌ مِنْ اَلْفِ شَهْرٍ ۝
تَنَزَّلُ الْمَلٰٓئِكَةُ وَالرُّوحُ ف۪يهَا بِاِذْنِ رَبِّهِمْ مِنْ كُلِّ
اَمْرٍ ۝ سَلَامٌ هِيَ حَتّٰى مَطْلَعِ الْفَجْرِ ۝

Bismillâhir'Rahmânir'Rahiym

İnnâ enzelnâhü fî leyletilkadr (1). Ve mâ edrâke mâ leyletülkadr (2). Leyletülkadri hayrüm min elfi şehr (3). Tenezzelülmelâiketü verrûhu fiyhâ bi'izni rabbihim min külli emr (4). Selâmün hiye hattâ matla'ılfecr (5).

<u>Not:</u> Kadir Sûresi, ayrıca abdest alıp kurulanırken de üç kere okunur. Okunması ise çok sevâbdır.

ASR SÛRESİ

بِسْمِ اللّٰهِ الرَّحْمٰنِ الرَّح۪يمِ

وَالْعَصْرِ ۝ اِنَّ الْاِنْسَانَ لَف۪ي خُسْرٍ ۝ اِلَّا الَّذ۪ينَ اٰمَنُوا وَ

عَمِلُوا الصَّالِحَاتِ وَتَوَاصَوْا بِالْحَقِّ وَتَوَاصَوْا بِالصَّبْرِ ۝

Bismillâhir'Rahmânir'Rahiym

Vel'asr (1). İnnel'insâne lefiy husr (2). İllelleziyne âmenû ve amilüssâlihâti ve tevâsav bilhakkı ve tevâsavbis'sabr (3).

Not: Bu kitabımızda bulunan namaz sûrelerini her müslüman ezberleyecektir. Namaz sûreleri ile ilgili çok çok geniş bilgi edinmek isteyen **"Duâlı Yâsin-i Şerîf"** ve **"Sûrelerin Fazîleti"** isimli kitablarımıza bakabilirler. Ayrıca **"Duâ ve Zikirli Namaz Hocası"** adlı kitabımıza da bakınız.

NAMAZ SÛRELERİ

FÎL SÛRESİ

بِسْمِ اللّٰهِ الرَّحْمٰنِ الرَّح۪يمِ

اَلَمْ تَرَ كَيْفَ فَعَلَ رَبُّكَ بِاَصْحَابِ الْف۪يلِ ۝ اَلَمْ يَجْعَلْ كَيْدَهُمْ
ف۪ي تَضْل۪يلٍۙ ۝ وَاَرْسَلَ عَلَيْهِمْ طَيْراً اَبَاب۪يلَۙ ۝ تَرْم۪يهِمْ
بِحِجَارَةٍ مِنْ سِجّ۪يلٍۙ ۝ فَجَعَلَهُمْ كَعَصْفٍ مَأْكُولٍ ۝

Bismillâhir'Rahmânir'Rahiym

Elem tera keyfe feale Rabbüke biashâbil'fiyl (1). Elem yec'al keydehüm fiy tadliyl (2). Ve ersele aleyhim tayran ebâbiyl (3). Termiyhim bihicâratim min sicciyl (4). Fece'alehüm ke'asfim me'kûl (5).

KUREYŞ SÛRESİ

بِسْمِ اللّٰهِ الرَّحْمٰنِ الرَّح۪يمِ

لِاِيلَافِ قُرَيْشٍۙ ۝ اِيلَافِهِمْ رِحْلَةَ الشِّتَٓاءِ وَالصَّيْفِۚ ۝ فَلْيَعْبُدُوا
رَبَّ هٰذَا الْبَيْتِۙ ۝ اَلَّذ۪ٓي اَطْعَمَهُمْ مِنْ جُوعٍ وَاٰمَنَهُمْ مِنْ خَوْفٍ ۝

Bismillâhir'Rahmânir'Rahiym

Li'îlâfi kureyşin (1). Îlâfihim rıhleteş'şitâi ves'sayf (2). Fel'yâbüdû Rabbe hâzelBeyt (3). Elleziy et'amehüm min cûiv ve âmenehüm min havf (4).

MAUN SÛRESİ

بِسْمِ اللّٰهِ الرَّحْمٰنِ الرَّحِيمِ

اَرَاَيْتَ الَّذِي يُكَذِّبُ بِالدِّينِ ۞ فَذٰلِكَ الَّذِي يَدُعُّ الْيَتِيمَ ۞

وَلَا يَحُضُّ عَلٰى طَعَامِ الْمِسْكِينِ ۞ فَوَيْلٌ لِلْمُصَلِّينَ ۞ اَلَّذِينَ هُمْ

عَنْ صَلَاتِهِمْ سَاهُونَ ۞ اَلَّذِينَ هُمْ يُرَاؤُنَ ۞ وَيَمْنَعُونَ الْمَاعُونَ ۞

Bismillâhir'Rahmânir'Rahiym

Eraeytelleziy yükezzibu biddiyn (1). Fezâlikelleziy yedu'ul yetiym (2). Velâ yehuddu alâ taâmil miskiyn (3). Feveylüllil musalliyn (4). Elleziynehüm an salâtihim sâhûn (5). Elleziynehüm yürâûne (6). Ve yemneûnelmâûn (7).

KEVSER SÛRESİ

بِسْمِ اللّٰهِ الرَّحْمٰنِ الرَّحِيمِ

اِنَّا اَعْطَيْنَاكَ الْكَوْثَرَ ۞ فَصَلِّ لِرَبِّكَ وَانْحَرْ ۞

اِنَّ شَانِئَكَ هُوَ الْاَبْتَرُ ۞

Bismillâhir'Rahmânir'Rahiym

İnnâ âtaynâ kel kevser (1). Fesalli li Rabbike venhar(2). İnne şânieke hüvelebter(3).

KAFİRÛN SÛRESİ

بِسْمِ اللّٰهِ الرَّحْمٰنِ الرَّح۪يمِ

قُلْ يَٓا اَيُّهَا الْكَافِرُونَۙ ۝ لَٓا اَعْبُدُ مَا تَعْبُدُونَۙ ۝ وَلَٓا اَنْتُمْ
عَابِدُونَ مَٓا اَعْبُدُۚ ۝ وَلَٓا اَنَا۬ عَابِدٌ مَا عَبَدْتُمْۙ ۝ وَلَٓا اَنْتُمْ
عَابِدُونَ مَٓا اَعْبُدُۜ ۝ لَكُمْ د۪ينُكُمْ وَلِيَ د۪ينِ ۝

Bismillâhir'Rahmânir'Rahiym

Kul yâ eyyühelkâfirûn (1). Lâ â'büdü mâ tâbüdûn (2). Ve lâ entüm âbidûne mâ â'büd (3). Ve lâ ene âbidüm mâ âbedtüm (4). Ve lâ entüm âbidûne mâ â'büd (5). Leküm dînüküm veliyedîn (6).

NASR SÛRESİ

بِسْمِ اللّٰهِ الرَّحْمٰنِ الرَّح۪يمِ

اِذَا جَٓاءَ نَصْرُ اللّٰهِ وَالْفَتْحُۙ ۝ وَرَاَيْتَ النَّاسَ يَدْخُلُونَ ف۪ي د۪ينِ
اللّٰهِ اَفْوَاجًاۙ ۝ فَسَبِّحْ بِحَمْدِ رَبِّكَ وَاسْتَغْفِرْهُۜ اِنَّهُ كَانَ تَوَّابًا ۝

Bismillâhir'Rahmânir'Rahiym

İzâ câe nasrullâhi vel'feth (1). Vera'eytennâse yedhulûne fîydinillâhi efvâcâ (2). Fesebbih bihamdi Rabbike vestağfirh, innehû kâne tevvâbâ (3).

TEBBET SÛRESİ

بِسْمِ اللّٰهِ الرَّحْمٰنِ الرَّحٖيمِ

تَبَّتْ يَدَٓا اَبٖي لَهَبٍ وَتَبَّ ۞ مَٓا اَغْنٰى عَنْهُ مَالُهُ وَمَا كَسَبَ

۞ سَيَصْلٰى نَارًا ذَاتَ لَهَبٍ ۞ وَامْرَاَتُهُ حَمَّالَةَ الْحَطَبِ ۞

فٖي جٖيدِهَا حَبْلٌ مِنْ مَسَدٍ ۞

Bismillâhir'Rahmânir'Rahiym

Tebbet yedâ Ebiy lehebiv ve tebbe (1). Mâ ağnâ anhü mâlühû ve mâ keseb (2). Seyaslâ nâran zâteleheb (3). Vemraetühû hammâletelhatab (4). Fiy ciydihâ hablüm mim mesed (5).

İHLÂS SÛRESİ

بِسْمِ اللّٰهِ الرَّحْمٰنِ الرَّحٖيمِ

قُلْ هُوَ اللّٰهُ اَحَدٌ ۞ اَللّٰهُ الصَّمَدُ ۞ لَمْ يَلِدْ وَلَمْ يُولَدْ

۞ وَلَمْ يَكُنْ لَهُ كُفُوًا اَحَدٌ ۞

Bismillâhir'Rahmânir'Rahiym

Kulhüvallâhü ehad (1). Allâhüs-samed (2). Lem yelid ve lem yûled (3). Ve lem yeküllehû küfüven ehad (4).

FELÂK SÛRESİ

بِسْمِ اللّٰهِ الرَّحْمٰنِ الرَّح۪يمِ

قُلْ اَعُوذُ بِرَبِّ الْفَلَقِۙ ۝ مِنْ شَرِّ مَا خَلَقَۙ ۝ وَمِنْ شَرِّ غَاسِقٍ اِذَا وَقَبَۙ ۝
وَمِنْ شَرِّ النَّفّٰثَاتِ فِي الْعُقَدِۙ ۝ وَمِنْ شَرِّ حَاسِدٍ اِذَا حَسَدَ ۝

Bismillâhir'Rahmânir'Rahiym

Kul e'uzü biRabbil'felak (1). Min şerri mâ halak (2). Ve min şerri gâsikın izâ ve kab (3). Ve min şerrin neffasâti fil'ukad (4). Ve min şerri hâsidin izâ hased (5)

NÂS SÛRESİ

بِسْمِ اللّٰهِ الرَّحْمٰنِ الرَّح۪يمِ

قُلْ اَعُوذُ بِرَبِّ النَّاسِۙ ۝ مَلِكِ النَّاسِۙ ۝ اِلٰهِ النَّاسِۙ ۝ مِنْ شَرِّ الْوَسْوَاسِ
الْخَنَّاسِۙ ۝ اَلَّذ۪ي يُوَسْوِسُ ف۪ي صُدُورِ النَّاسِۙ ۝ مِنَ الْجِنَّةِ وَالنَّاسِ ۝

Bismillâhir'Rahmânir'Rahiym

Kul e'ûzü biRabbin'nâs (1). Melikin'nâs (2). İlâhin'nâs (3). Min şerril vesvâsil hannâs (4). Ellezî yüves visü fî sudûrin'nâs (5). Minel cinneti ven'nâs (6)

FATİHA SÛRESİ

بِسْمِ اللّٰهِ الرَّحْمٰنِ الرَّحِيمِ

اَلْحَمْدُ لِلّٰهِ رَبِّ الْعَالَمِينَ ۝ اَلرَّحْمٰنِ الرَّحِيمِ ۝
مَالِكِ يَوْمِ الدِّينِ ۝ اِيَّاكَ نَعْبُدُ وَاِيَّاكَ نَسْتَعِينُ ۝
اِهْدِنَا الصِّرَاطَ الْمُسْتَقِيمَ ۝ صِرَاطَ الَّذِينَ
اَنْعَمْتَ عَلَيْهِمْ غَيْرِ الْمَغْضُوبِ عَلَيْهِمْ وَلَا الضَّالِّينَ ۝

Bismillâhir'Rahmânir'Rahiym

El'hamdü lillâhi Rabbil' âlemiyn (1). Er'Rahmânir'Rahiym (2). Mâliki yevmiddiyn (3). İyyake na'büdü ve iyyâke nesteiyn (4). İhdinassırâtal'müstekıym (5). Sırâtallezilne en'amte aleyhim Gayril'mağdûbi aleyhim ve leddâlliyn (6).

Fazîleti: *"Fâtiha Sûresini ve Âyetel'Kürsi'yi bir kimse, bulunduğu herhangi bir evde okursa, o gün o evdekilere insan ve cin zararı dokunmaz ve nazarı değmez."*

Yatarken Fâtiha ve İhlâs okumak emniyettir:

Yan üstü yatağına yattığın zaman;

1. Fâtiha Sûresini, 2. İhlâs Sûresini

okursan, ölümden başka herşeyin şerrinden ve zararından, emniyette olursun."

Yani, ecelin gelip de ölmezsen, bu sûreleri okuyup da yattığın gece, sana hiç bir şey zarar veremez. Hiç bir şey korkutamaz. Hiç bir şey sıkıntı veremez. Yani gece sıkıntı basmaz, korkulu rüyâlar görmezsin.

İhlâs, Felâk ve Nâs Sûrelerini okumak:

Hz. Peygamber, her namazın arkasından Felâk ve Nâs Sûrelerinin okunmasını ümmetine emir ve tavsiye etmiştir. Meâlen:

"Sabah ve akşamları üçer kere *"İhlâs, Felâk ve Nâs"* ***Sûrelerini okuyunuz. Bunlar her yönden size kifâyet eder*** *(yeterli gelir)."* buyurmuştur.

Şu halde ey Dost! Huzur içinde, esenlik içinde, korkusuzca uyuyup rahat ve sakin bir gece geçirmek istiyorsan, yatarken bu sûreleri oku.

NAMAZ DUÂLARI

SÜBHÂNEKE

سُبْحَانَكَ اللّٰهُمَّ وَبِحَمْدِكَ وَتَبَارَكَ اسْمُكَ

وَتَعَالٰى جَدُّكَ وَجَلَّ ثَنَاؤُكَ وَلَا اِلٰهَ غَيْرُكَ

Sübhânekellâhümme vebi hamdik. Ve tebârekesmük. Ve teâlâ ceddük. (ve celle senâük.) velâ ilâhe ğayruk.

Not: "Ve celle senâük" cümlesi sadece cenaze namazında okunur.

Namazlarda şöyle okunur:

Sübhânekellâhümme vebi hamdik. Ve tebârekesmük. Ve teâlâ ceddük. Velâ ilâhe ğayruk.

ETTEHİYYÂTÜ

اَلتَّحِيَّاتُ لِلّٰهِ وَالصَّلَوَاتُ وَالطَّيِّبَاتُ اَلسَّلَامُ

عَلَيْكَ اَيُّهَا النَّبِيُّ وَرَحْمَةُ اللّٰهِ وَبَرَكَاتُهُ

اَلسَّلَامُ عَلَيْنَا وَعَلٰى عِبَادِ اللّٰهِ الصَّالِحِينَ

أَشْهَدُ أَنْ لَا إِلٰهَ إِلَّا اللّٰهُ وَأَشْهَدُ أَنَّ مُحَمَّدًا عَبْدُهُ وَرَسُولُهُ

Ettehiyyâtü'Lillâhi ves'selavâtü vet'tayyibât. Esselamü aleyke eyyühen nebiyyü verahmetullâhi ve berakâtüh, esselamü aleynâ ve alâ ibâdillâhis sâlihin. Eşhedü el la ilâhe illallâh. Ve eşhedü enne Muhammeden abdühü ve Rasûlüh.

NAMAZDA OKUNAN SALEVÂTLAR

Allahümme Salli:

اَللّٰهُمَّ صَلِّ عَلٰى مُحَمَّدٍ وَعَلٰى اٰلِ مُحَمَّدٍ ۞ كَمَا صَلَّيْتَ
عَلٰى اِبْرَاهِيمَ وَعَلٰى اٰلِ اِبْرَاهِيمَ ۞ اِنَّكَ حَمِيدٌ مَجِيدٌ ۞

Allahümme salli alâ Muhammediv ve alâ âl-i Muhammed. Kema salleyte alâ ibrâhime ve alâ âl-i İbrahime inneke hamidüm Mecîd.

Allahümme Bârik:

اَللّٰهُمَّ بَارِكْ عَلٰى مُحَمَّدٍ وَعَلٰى اٰلِ مُحَمَّدٍ ۞ كَمَا بَارَكْتَ
عَلٰى اِبْرَاهِيمَ وَعَلٰى اٰلِ اِبْرَاهِيمَ ۞ اِنَّكَ حَمِيدٌ مَجِيدٌ ۞

Allahümme bârik alâ Muhammediv ve alâ âl-i Muhammed. Kema bârekte alâ İbrahîme ve alâ âl-i İbrahîme inneke Hamîdüm Mecîd.

Rabbenâ âtina fiddünyâ

رَبَّنَآ اٰتِنَا فِى الدُّنْيَا حَسَنَةً وَفِى الْاٰخِرَةِ حَسَنَةً وَقِنَا عَذَابَ النَّارِ

Rabbenâ âtina fiddünyâ hasenetev ve filâhireti hasenetev ve kınâ azâbennâr.

Rabbenağfirlî Duâsı

رَبَّنَا اغْفِرْ لِى وَلِوَالِدَىَّ وَلِلْمُؤْمِنِينَ يَوْمَ يَقُومُ الْحِسَابُ ۞
بِرَحْمَتِكَ يَآ اَرْحَمَ الرَّاحِمِينَ ۞

Rabbenağfirlî ve livâlideyye ve lilmü'miniyne yevme yekûmül hisab. Birahmetike yâ Erhamerrahimin.

KUNUT DUÂLARI

اَللّٰهُمَّ اِنَّا نَسْتَعِينُكَ وَنَسْتَغْفِرُكَ وَنَسْتَهْدِيكَ ۞ وَنُؤْمِنُ
بِكَ وَنَتُوبُ اِلَيْكَ ۞ وَنَتَوَكَّلُ عَلَيْكَ وَنُثْنِى عَلَيْكَ الْخَيْرَ
كُلَّهُ نَشْكُرُكَ وَلَا نَكْفُرُكَ ۞ وَنَخْلَعُ وَنَتْرُكُ مَنْ يَفْجُرُكَ ۞

Allahümme innâ nes'teînüke ve nestağfiruke ve nes'tehdîke ve nü'minü bike ve netûbü ileyke ve netevekkelü aleyke ve nüs'ni aleykel'hayra küllehû neş'küruke ve lâ nekfüruke ve nah'leu ve net'rukü mey yefcüruk.

اَللّٰهُمَّ اِيَّاكَ نَعْبُدُ وَلَكَ نُصَلِّى وَنَسْجُدُ وَاِلَيْكَ نَسْعٰى وَنَحْفِدُ نَرْجُو رَحْمَتَكَ وَنَخْشٰى عَذَابَكَ ۞ اِنَّ عَذَابَكَ بِالْكُفَّارِ مُلْحِقٌ ۞

Allahümme iyyâke, nâ' büdü ve leke nüsallî ve nes'cüdü ve ileyke nes' â ve nah' fidü narcû rahmeteke ve nah'şa azabeke inne azâbeke bil' küffâri mül'hık.

NAMAZ İÇİNDE OKUNAN DUÂLAR

Tekbir: Allâhü Ekber اَللّٰهُ اَكْبَرْ

Tekbir her namaza başlarken söylenir, rükû'a eğilirken, secdelere kapanırken, namaz arasında yapılan rükûndan rükûna geçişlerde söylenir.

Rukû Tesbihi: Subhâne Rabbiyel'azîym

سُبْحَانَ رَبِّىَ الْعَظِيمِ

Bu tesbih, her rükû'a eğilişimizde en az üç kere söylenir. 5 veya 7 kere de söylenir (câizdir).

Rukûdan doğrulurken: *"Semiallâhü limen Hamideh'Rabbenâ lekel'Hamd"* denir.

سَمِعَ اللّٰهُ لِمَنْ حَمِدَهُ • رَبَّنَا لَكَ الْحَمْدُ •

Secde Tesbihi: Subhâne Rabbiyel'âlâ

سُبْحَانَ رَبِّيَ الْاَعْلٰى •

Bu tesbih, her secdeye eğilişimizde en az üç kere söylenir. 5 veya 7 kere de söylenir (câizdir).

***Namazda Selâm:** Esselâmü aleyküm ve rahmetullâh.*

اَلسَّلَامُ عَلَيْكُمْ وَرَحْمَةُ اللّٰهِ

Bu selâm, her namazın bitirilip sona erdiğinde başımızı önce sağa sonra sola çevirerek söylenir.

***Selâmdan sonra:** Allâhümme entes selâmü ve minkesselâm, Tebârakte yâ zel'celâli vel'ikram.*

اَللّٰهُمَّ اَنْتَ السَّلَامُ وَمِنْكَ السَّلَامُ تَبَارَكْتَ يَا ذَا الْجَلَالِ وَالْاِكْرَامِ •

Namazlarda her selâmdan sonra bu ***"Allâhümme entes selâmü ve minkesselâm, Tebârakte yâ zel'celâli vel'ikram."*** duâsı okunur.

DUÂLAR BÖLÜMÜ

4444 KERE OKUNACAK DUÂDIR SALÂT-I TEFRİCİYE — SALÂT-I NARİYE

"Allâhümme salli salâten kâmileten ve sellim selâmen tâmmen alâ seyyidinâ Muhammedinillezi tenhallü bihil'ukadü, ve tenfericü bihil'kürabü, vetükdâ bihil'havâicü, ve tünâlü bihir'regâibü, ve hüsnül'havâtimi, ve yüsteskal'ğamâmü bivechihil'kerîmi, ve alâ âlihi ve sahbihî fî külli lemhatin ve nefesin biaded-i külli mâlûmin lek."

• (4444) Defa Okuyan Muradına Erer;

İmamı Kurtubî Hazretleri şöyle buyurmuş;

"Bir kimse, çok önemli bir işinin veya önemli bir dileğinin gerçekleşmesini, ya da üzerinde devam edip duran büyük bir belanın üzerinden çekilip gitmesi (kalkması) için, "Salât-i Tefriciye"yi (4444) defa okuyup, bu mübârek Salâtü Selâm ile Yüce Peygamberimizi vesile edinse, hiç şüphe ve tereddüt yoktur ki, Yüce Allah, o kulunun istek ve muradının olması için hayırlı bir kapı açar, hayırlı bir sebeb yaratır ve ona muradını verir."

SALÂTEN TÜNCÎNÂ — SALÂT-İ MÜNCİYE

Allâhümme salli alâ seyyidinâ Muhammedin ve alâ âl-i seyyidinâ Muhammedin salâten tüncînâ bihâ min cemîil'ehvâli vel'âfât. Ve takdîlenâ bihâ cemîal'hâcât. Ve tütahhirüna, bihâ min cemîis'seyyiât. Ve terfeunâ bihâ âledderacât. Ve tübelliğunâ bihâ eksal'ğâyât, min cemî'ilhayrâti fil'hayâti ve bâdel'memât.

Hasbünallâhü ve nîmel vekîl, nîmel'mevlâ ve nîmen'nasîr.

Hikmeti: Bütün âfetlere, belâlara - kazâlara, korku ve endişelere, kaygı ve tasalara (ma'nâsından da anlaşıldığı gibi) karşı siper ve koruyucudur, kurtarıcı ve ma'nevî yardımın gelmesine en etkili bir sebeb ve vesiledir.

Her namazdan sonra okunmalı ve günde ayrıca hergün olmak üzere 3 defa okumayı âdet (alışkanlık) edinmelidir. Hele hele ma'nâsını bir kaç kere okumalı ve aklımıza almalı ve ona göre kıymetini bilmelidir. Ma'nâsı için "DUÂLARIN FAZÎLETİ" isimli kitamıza bakılsın. Sayfa 337

BÜTÜN PEYGAMBERLER ŞEFAÂT EDECEK

"Allâhümme salli alâ seyyidinâ Muhammedin ve Âdeme ve Nûhin ve İbrâhime ve Mûsâ ve İsâ ve mâ beynehüm minen'nebiyyîne vel'mürselîn. Salevâtüllâhi veselâmühû aleyhim ecmeîn."

Açıklama:

Hz. Ayşe validemiz Peygamber Efendimizden rivâyet etmişlerdir ki:

"Bir kimse, bu Salevât-i Şerîfe'yi yatmadan önce okursa, o kimseye bütün Peygamberler şefâat edeceklerdir" buyurmuş Peygamberimiz.

HACET DUÂSI

"Lâ ilâhe illallâhül'Halîmül'Kerim. Sübhânallâhi Rabbil'arşil'azîm. Elhamdü lillâhi Rabbil'âlemiyn.

Es'elüke mûcibati rahmetike, ve azâ'ime mağfiretike, velğanîmete min külli birrin, vesselâmete min külli ismin, lâ teda'lî zenben illâ ğaferteh, velâ hemmen illâ ferrecteh, velâ hâceten hiye leke rıdan illâ kadaytehâ yâ Erhâmer'Râhimiyn."

Ey Dost! Hacet sahibi olan kimse namazını kılıp bu duâyı bitirince artık dileği (hâceti) ve muradı ne ise onları söyler. Okuduğu bu duâ sebebiyle Cenâb-ı Allâh dilek sahibinin dileğini verir. Duâsını kabul eder. Hâcet duâsında Allâh'ın sevdiği mübârek kelimeler var, bir de kıldığımız namaz vardır. İşte dilek sahibinin dileğinin verilmesine bu namaz ile duâ sebeb oluyor. Sebebi hikmeti budur Hâcet namazının.

Hz. Peygamber Aleyhisselâm, şöyle buyuruyor:

"Kim ki, Allâh'tan veya herhangi bir kimseden bir haceti (istek ve dileği) *olursa, güzelce bir abdest alsın, sonra iki rek'at* (hacet) *namazı kılsın. Sonra Allâh'a hamdetsin, peygambere salevât getirsin. Sonra şöyle duâ etsin.* (Hacet duâsını okusun)." (Tirmizî İbni Mâce)

İSTİHÂRE DUÂSI

"Allâhümme innî estehîruke biilmike, ve estakdiruke bikudretike, ve es'elüke min fadlikelazîm Feinneke takdiru ve lâ ekdiru ve tâ'lemü ve lâ a'lemü ve ente allâmül guyûp. Allâhümme in künte tâ'lemü enne hâzelemre hayrun lî fî dîni ve meâşî ve âkibet-i emri ve âcil-i emrî ve âcilihi Fakdirhü li ve yessirhü lî sümme bârik lî fîhi. Ve in künte tâlemü enne hâzel emre şerrun lî fi dîni ve meâşî ve âkıbet-i emri ve âcili emrî ve âcilihî fasrifhü annîvasrifnî anhü vakdir liyel hayre haysü kâne sümme erdınî bihî."

Dikkat, duâdaki "hâzel'emre" kelimesi yerinde, dilek ve murâdı ne ise, niçin, hangi iş için istihâre yapıyorsa, o işi, o dileği isim olarak söyleyebilir. Ve söylemelidir.

İSTİHÂRE NAMAZI ŞÖYLE KILINIR

İki rek'at olan istihâre namazının birinci rek'atında Fatihâ'dan sonra Kâfirûn Sûresi, ikincide ise İhlâs Sûresi okunur. Namazın sonunda da istihâre duâsı okunduktan sonra kimseyle konuşmadan yatağına varıp kıbleye dönülerek yatılır. Rüyada beyaz veya yeşil görülmesi iyiliğe, siyah veya kırmızı görülmesi şerre delâlet eder, denilmiştir. Ayrıca bir Hadisi Şerif'te *(İstihârenin yedi (7) gece yapılması ve kalbe uygun gelene önem verilmesi)* bildirilmiştir.

OKUYAN SON NEFESİNDE İMÂNLA GİDER

Yâ hayyu yâ kayyûmü yâ bedîas'semâvâti vel'ardi yâ zelcelâli vel'ikrâm. Es'elüke en tühyiye kalbî binûri ma'rifetike ebeden Yâ Allâhü yâ Allâhü yâ Allâh! Birahmetike yâ erhamer'Râhimîyn.

Evet, sabah namazının sünnetini kılıp, farzını beklerken bu mübârek duâyı en az üç kere okumaya devam eden kimseler, son nefeslerinde îman ile ölmek kendilerine nasîb ve müyesser olur. Bir müslüman için de en büyük nimet, en büyük servet, en büyük mutluluk son nefesinde îman ile çenesini kapamak, îman ile ölmektir vesselâm!

OKUYANIN GÜNÂHLARI AFFOLUR

Hz. Peygamber Aleyhisselâm şöyle buyurmuştur:

"Bu kelimeler güzel kelimelerdir. Kim bu güzel kelimeleri her namazın sonunda yüz kere söylerse, deniz dalgalarının meydana getirdiği köpükler kadar da günahı olsa affolur. Bütün günahları silinip ve bağışlanmış olur." İmam-ı Ahmet rivayet etmiştir.

Yüz kere okunacak kelimeler bunlardır:

Allâhü ekber, ve Sübhânallâhi velhamdü lillâh ve lâ ilâhe illallâhü vahdehü lâ şerîke leh, velâ havle velâ kuvvete illâ billâhil'aliyyil'azıym.

CUMA GÜNÜ SABAH NAMAZININ SÜNNETİNDEN SONRA

Enes (R.A.)den rivâyet edilmiştir ki, Hazret-i Peygamber (A.S.) Efendimiz şöyle buyurmuştur:

"Her kim, Cuma günü sabah namazının sünnetinden sonra (farzından önce), üç kere şu duâyı okursa, deniz köpüğü kadar bile günâhı çok olsa, Allah günâhlarını affeder." Ol duâ budur:

"Estağfirullahellezî lâ ilâhe illâ hû, el'Hayyel'Kayyûme ve etûbü ileyh."

İFTAR DUÂLARI

Efendimiz (A.S.) kendi başına iftar ettiği zaman şöyle duâ buyururdu:

"Allâhümme leke sumtü ve alâ rızkıke eftartü"

Ma'nâsı: "Allah'ım, senin rızân için oruç tuttum ve senin verdiğin rızıkla orucumu açtım ***(iftar ettim)****."* Ebû Dâvûd rivâyet etmiştir.

Evet, her müslüman iftar saatinde orucunu açarken bu iki cümlelik duâyı okumalıdır.

Yine Efendimiz (A.S.) kendi başına iftar ettiğinde:

"El'hamdü lillâhillezî e'ânenî fesumtü ve razakanî fe'eftartü"

Yüce Allah'ıma hamd ederim ki, bana yardım etti de oruç tuttum. Ve bana rızık verdi de iftar ettim ***(orucumu açtım)****."* buyururdu. İbn-i Sünnî rivâyet etmiştir.

Topluca iftar edildiği zaman ise Efendimiz;

"Allâhümme leke sumnâ ve alâ rızkıke eftarnâ fetekabbel minnâ inneke entes'semî'ul'alîm."

Ma'nâsı: "Allah'ım! Senin rızân için oruç tuttuk ve senin verdiğin rızıkla orucumuzu açtık. Bunu bizden kabûl et. Şübhesiz sen, çok iyi işiten ***(semî')****, çok iyi bilen* ***(alîm)****sin."* İbn-i Sünnî rivâyet etmiştir.

Ey Dost! Toplu ve ailece iftar sofranızda bu çoğul ifade ile ifade edersin. *"Oruç tuttuk..., İftar ettik..."* böylece hepiniz duâ etmiş olursunuz.

SABAH AKŞAM NAMAZDAN SONRA OKUNACAK Borçlardan ve Sıkıntılardan Kurtuluş İçin Duâ:

"Allahümme innî eûzü bike minelhemmi, vel hazeni ve eûzü bike minel'aczi velkeseli, ve eûzü bike minelcübni, velbuhli ve eûzü bike min galebetiddeyni ve kahrir ricali."

Ebû Davud'un rivayetine göre bu duâ Ashab'dan Medine'li Ebû Umâme hazretlerine öğretilmiştir. Ebû Umâme (R.A.); Namaz vakti dışında (namaz vaktinden sonra) camide dalgın dalgın oturuyordu.

Resûlullah, Ashabından bu zatın Mescid-i Nebevî'de dalgın dalgın oturduğunu görmüş ve halini sormuş. Ebû Umâme:

"— Yakama yapışan borçlar, kederler yâ Resûlallâh! dedi. Yani, çok borcum var, dardayım, onun için sıkıntı çekiyorum, elem ve kederler yakamı bırakmıyor, Ya Resûlallah! diye cevap vermişti.

Resûlü Ekrem Aleyhisselâm Efendimiz:

"Yâ Ebâ Ümâme! Sana bir duâ öğreteceğim. Onu okuduğun zaman, Cenab-ı Hak senin gamını, kederini giderir. Borcunu ödetir.

Bu duâyı akşam sabah oku" buyurmuş ve yukarıdaki duâyı öğretmiştir. Hz. Ebû Umâme şöyle demiştir:

"Resûlullahın emrettiği gibi duâyı akşam sabah okumaya devam ettim. Bütün dertlerim, kederlerim, sıkıntı ve bunalımım gitti. Ve borçlarımı da hemen ödemem nasib oldu." Cenab-ı Allah sebeb halk etti borçlarımı ödedim diyerek duânın faydası ve yardımı olduğunu bildirmiştir.

Not: Bu duâların Hadis metinleri ve Türkçe meâlleri "Duâların Fazîleti" isimli kitabımızda mevcuttur. İsteyen bakabilir.

OKUYANI ALLÂH MEMNUN EDECEKTİR

Hz. Peygamber (S.A.V.), "Her kim, sabahleyin ve akşamleyin:

"Radiytü billâhi Rabben ve bil-İslâmi diynen. VebiMuhamedin (sallallâhü teâlâ aleyhi ve selleme) Nebiyyâ."

derse, Allah, o kulunu râzı ve memnun etmeye söz vermiştir."

Ey Dost! Sen bu duâyı namazlardan sonra ve zikir etmek için vakit buldukça her zaman en az üç kere okumalısın. Çünkü sevgili Peygamberimiz, bu duâ ile ilgili: ***"Her kim, sabah akşam üç kere bu duâyı okursa, Yüce Allâh, o*** *kulunu memnûn ve râzı edecektir."* Diğer bir Hadisinde, *"Cennete girecektir..."* buyurmuştur.

ELHAMDÜ LİLLAH DEMENİN SEVABI

Elhamdü lillâh

Sevgili Peygamberimiz Aleyhissalâtü vesselâm Efendimiz şöyle buyurmuşlardır:

1. ***"Bir kul, bir defa*** *"Elhamdü lillâh"* ***dediği zaman, yer ile gök arasını*** *(sevâb ile)* ***doldurmuş olur.***

2. *İkinci defa* ***"Elhamdü lillâh"*** *dediği zaman, yerin yedi kat göklerin üstüne kadar olan bu arayı* ***(sevab ile)*** *doldurmuş olur.*

3. *Üçüncü defa* ***"Elhamdü lillâh"*** *dediği zaman, Allâhü Teâlâ, bu kuluna "Ey kulum, iste al" buyurur. Yani, Yüce Rabbimiz, "Ey kulum, dileğini dile, dileğin verilecektir, muradını iste, muradın yerine getirilecektir. Dilek ve muradın gerçekleşecektir. Sen hemen iste..."* buyurmuş demek olur.
İmâm-ı Gazâli, İhyâ

Ey *Kardeş!* "Elhamdü lillâh" kelimesini söylemenin ne büyük bir duâ (zikir) olduğunu unutma. Yine Hadis-i Şerîfde: *"Elhamdü lillâh"* ***demek "Mizânı*** *(sevab ile)* ***doldurur."*** *"Elhamdü lillâh"* ***kelimesini söylemeyen, Allâh'a şükretmemiş olur."*** buyrulmuştur.

Bu duâyı 100 Kere Okuyan Bağışlanır

Buhari ve Müslim'in rivâyetine göre Hz. Peygamber (S.A.V.) Efendimiz şöyle buyurmuştur: *"Her kim, her gün yüz kere:*

"Sübhânallâhi ve bihamdihi."

Duâsını ***(tesbih ve zikrini)*** *okursa, günahları deniz köpüğü kadar dahi olsa bağışlanır."* Yine Hadis-i Şerifde:

"Yeryüzünde bulunan insanlardan her kim,

"Subhânallâhi ve bihamdihî"

derse, deniz dalgalarının meydana getirdiği köpükler kadar bile günahı olsa Allâh affeder. buyrulmuştur:"

MÎZANDA AĞIR SÖYLEMESİ KOLAY ALLÂH'IN SEVDİĞİ İKİ KELİME

"Subhânallâhi ve bihamdihi. Subhânallâhil'azıym.

Ma'nâsı: "Allâh'ü Teâlâ'yı tesbih ederim, hamd O'na mahsustur. Azîm olan Allâh'ı tesbih ederim." demektir. Müslim rivâyet etmiştir.

Ey Dost! Bir kimsenin eline tesbihini alıp kıbleye karşı dönüp yani; oturarak, hiç acele etmeden tâne tâne yüz defa bu mübârek tesbihi (duâyı) çekmesi, "Sübhânallâhi ve bihamdihî" demesi en çok üç dört dakikasını alır. Bu aslında alınmış üç, dört dakika da değil, en güzel şekliyle değerlendirilmiş olan bir üç, dört dakikadan ibarettir.

OKUYANA ANSIZIN BELÂ, KAZA GELMEZ

"Bismillâhillezî lâ yedurru maasmihi Şey'ün fil'ardı velâ fissemâi ve Hüvessemi'ul Aliym."

Ey Hak İçin Kardeş! Yüce Peygamberimiz bu duâ ile ilgili şöyle buyurmuşlardır:

*"Her kim, sabah, akşam üçer kere **"Bismillahillezî..."** duâsını (üsteki duâdır) okursa kendisine yerde ve gökte hiçbir şey zarar veremez ve kendisine ansızın belâ kaza gelmez."* Tirmizî, İbn-i Mâce rivâyet etmiştir.

Evet, akşam ve sabahları bu duâyı üçer kere okuyan kimse, tüm korkulardan ve korku veren şeylerden emin olur. Çünkü, yerde ve gökte her ne ki var, sana zarar verebilecek, hepsi Allah'ın emrindedir. Allah müsade etmezse zarar veremez.

OKUYAN HİÇBİR ZARAR GÖRMEZ

"E'ûzü bikelimâtillahittâmmâti min şerri mâ halak."

Ma'nâsı: "Tüm yarattıklarının şerrinden yüce Allâh'ın tam ve mükemmel olan kelimelerine sığınırım" demektir.

Akşamları bu duâyı üç kere okumalıdır. Okuyan bütün korkulardan emniyet ve selâmette olur. Korkulu rüyâ görmekten, kâbûslar görmekten, zehirli haşarat sokmasından ve tüm musîbetlerden emin bulunur.

Ey Allah diyen kardeş! Unutma ki, dünyada her ne ki, var Yüce Allah'ın emrine mahkumdur. Allah'ın izni (müsaadesi) olmadıkça hiçbir yaratık bir kimseye zarar veremez. Duânın manası ise, gayet açıktır. Bu duânın ma'nâsını düşünerek okuyan kimse, yaratılan her şeyin zararlarından daha önceden Allah'a sığınmış oluyor. Zira, insana neyin gelip zarar vereceği (sokacağı - ısırıcağı), ne belâ kaza geleceği belli olmayan hallerdir.

SAYISIZ SEVAB KAZANDIRAN DUÂLAR

Sabah On Defa Okuyana Verilecek Sevab:

Hz. Peygamber Aleyhisselam Hadis-i Şeriflerinde şöyle buyurmuştur. *"Her kim, (aşağıdaki) duâyı on kere okursa, Hz. İsmail peygamberin oğullarından (sülalesinden) dört köle âzâd etmiş gibi sevâb kazanır"* ol duâ budur:

"Lâ ilâhe illallâhü vahdehû lâ şerîkeleh, lehül'mülkü velehül'hamdü ve hüve alâ külli şey'in kadir."

Ma'nâsı: "Allâh'tan başka hiçbir ilâh yoktur. O birdir; eşi ortağı yoktur. O her şeye kâdirdir. Gücü herşeye yeter." Buhârî, Müslim, Tirmizî rivâyet etmiştir.

UYANDIĞINDA OKUYANIN SEVABI

Hz. Ayşe (R.A.) vâlidemizin anlattığına göre, Sevgili Peygamberimiz Aleyhisselam şöyle buyuruyor: ***"Her kim, uyandığı vakit:***

"Lâ ilâhe illallâhü vahdehû lâ şerîkeleh, lehül'mülkü velehül'hamdü ve hüve alâ külli şey'in kadir."

Duasını okursa, günahları denizin köpükleri kadar bile çok olsa Allâh, o kulunu affeder."

AYNI ZİKRİ 100 DEFA OKUYANIN SEVÂBI

Ebû Hüreyre (R.A.)den rivâyet edilmiştir ki, Resûlü Ekrem Efendimiz Aleyhisselâm:

"Her kim bir günde yüz defa:

"Lâ ilâhe illallâhü vahdehû lâ şerîkeleh, lehül'mülkü velehül'hamdü ve hüve alâ külli şey'in kadir."

Duâsını okursa, on tâne köle âzâd etmiş gibi sevâb alır. Ayrıca yüz tane sevâb yazılır, yüz tane günahı silinir (affolur) o gün içinde akşama kadar şeytanın şerrinden korunmuş olur." buyurmuştur. Buhârî, Müslim, Tirmizî rivâyet etmiştir.

CENNETTE BİR AĞAÇ DİKİLİR

Amr İbni Abbâs (R.A.)dan rivâyet edildiğine göre, Hz. Peygamber (A.S.) Efendimiz, ***"Her kim,***

"Subhanallâhi, velhamdü lillâhi ve lâ ilâhe illallâhü, vallâhü ekber." ***derse,***

Bu zikirlerin her birinden dolayı söyleyen kimse için cennette bir ağaç dikilir."

"Evet, okuduğu bu kelimelerin herbirinin sevâb ve mükafatı olarak kendisi için cennette bir ağaç dikilir." buyurmuştur. Tabarânî rivâyet etmiştir.

Enes bin Mâlik (R.A.)dan rivâyet edilmiştir. Demiştir ki, Hz. Peygamber (Aleyhissalâtü vesselâm), şöyle buyurmuştur: ***"Her kim,***

100 *defa,* ***"Lâ ilâhe illallâh"***

100 *defa,* ***"Sübhânallâh"***

100 *defa,* ***"Allâhü Ekber"***

derse, ***bu zikirler, kendisi için hürriyetine kavuşturduğu on köle ve kurban olarak kestiği altı*** *(bir rivâyette yedi)* ***deveden daha hayırlıdır."*** İbni Ebid'dünyâ rivâyet etmiştir.

OKUYANA İKİ MİLYON SEVÂB VERİLİR

Abdullah bin Evfâ (R.A.)dan rivâyet edilmiştir. Demiştir ki, Hz. Peygamber (A.S.) Efendimiz şöyle buyurdu: *"Her kim,*

"Lâ ilâhe illallâhü vahdehû lâ şerîkelehû ehaden sameden lem yelid, ve lem yûled ve lem yekün lehû küfüven ehad." *derse, Cenâb-ı Allah kendisine iki milyon sevâb yazar.*

HER NAMAZDAN SONRA 10 DEFA OKUYAN CENNETE GİRER

Hz. Ömer'in oğlu Abdullah (R.A.), Hz. Peygamber Efendimizden şöyle rivâyet ediyor:

"İki haslet vardır ki, onlara devam eden, mutlaka *cennete girer.* ***O hasletler kolaydır. Fakat o*** *hasletleri yapan azdır."* Bu hasletleri *"sizden biriniz, her namazın sonunda*

*On defa, **"Sübhânallâh"**,*

*On defa **"Elhamdü lillâh"***

*On defa da **"Allahü Ekber"** der."*

Bu zikirler (duâlar), dilde yüzelli, mizanda ise, binbeşyüz eder. Yatağına girince de:

33 defa ***"Sübhanallah"***

33 defa ***"Elhamdü lillâh"***,

34 defa da *"Allâhü Ekber" der. Bu zikir de dilde yüz, tartıda (mizanda) bin eder. İkisinin toplamı ikibin beşyüz sevâb almış olur okuyan."*

Resûlü Ekrem devamla şöyle buyurmuştur:

"Ashabım, ey ümmetim! Hanginiz birgün ve gecesinde *(24 saatte)* ***ikibin beşyüz günâh işler?"***

Orada bulunan Ashab-ı kiram sordu:

"Ya Resûlallâh! Bu kadar sevâbı çok olan bir duâ ve zikri insanoğlu nasıl terkeder yapmaz?

Yüce peygamberimiz Aleyhisselâm, bu işin tehlikesini şöyle haber verdi:

"Sizden birine namazda iken Şeytan gelir ve şunu hatırla, şunu hatırla diye vesvese verir. Yatağında da o kimseye gelip bu duâ ve zikirleri okumaya fırsat vermeden uyutuverir. Böylece o kimseyi bu duâ ve zikirlerden ve kazanacağı sevabdan mani olmuş olur."

BOL RIZIK VE GÜÇ KAZANMAK İÇİN DUÂ

Hz. Ali ve Hz. Fatıma (R.A.), Hz. Peygamberden bir hizmetçi istediler. Kuyudan su çekmek, el değirmeninde un öğütmekten şikâyet ettiler.

Peygamberimiz, kızı Hz. Fatıma ile Hz. Ali'ye şu zikirleri tavsiye etti:

Her namazın sonunda,

On defa *"Sübhânallâh"*
On defa *"Elhamdü lillâh"*
On defa *"Allâhü Ekber"* duâsını oku.
Akşamleyin yatağınıza yattığınızda da
33 defa *"Sübhânallâh"*
33 defa *"Elhamdülillâh"*
34 defa da *"Allâhü Ekber"* deyiniz" buyurdu.

Hz. Ali Efendimiz devamla şöyle anlatıyor:

"— Allâh'a yemin ederim ki, bu duâ ve zikirleri, Resûlullâh'tan duyup öğrendiğim andan itibâren hiç bir vakit terketmedim. Bu öğretilen vakitlerde bunları bırakmadım" buyurmuştur. Hatta bunu anlattığında kendisine sordular:

"— Yâ Ali "Sıffın" muhaberesi gecesinde de mi terketmedin? dediler. Hz. Ali (R.A.):

"— Evet, Sıffın gecesinde de" buyurdu.

AKŞAM SABAH 7 KERE OKUNACAK DUÂ

"Hasbiyallâhü lâ ilâhe illâhû, aleyhi tevekkeltü ve hüve Rabbül'arşil'azıym."

Ma'nâsı: *"Allâh bana kâfidir. Ondan başka ibâdet edilecek hiç bir ilâh yoktur. Ona dayandım o'na güvendim. O arş-i azîmin* ***(büyük arşın)*** *sahibidir."*

Hz. Ebû Derdâ (R.A.) şöyle anlatıyor:

Resûlullâh (S.A.V.), şöyle buyurdu:

"Kim sabah ve akşam, yedi kere bu duâyı okursa, dünya ve âhiretle ilgili işlerinde, kendisine üzüntü, elem, keder veren şeyleri Cenâb-ı Allah, kendisinden giderir."

Ey Dost! Unutma, sabah evinden işine giderken, 7 kez bu kısa duâyı oku işinde gücünde huzur içinde olursun. Stresten, sıkıntı ve üzüntülerden uzak bulunursun. Cenâb-ı Hak, seni korktuklarından emin eyler. Elemini, kederini giderir. Üzüntü ve sıkıntılardan uzak eyler. Bütün bu musîbetleri senden uzaklaştıracak Allâh'ın kuvvetinden başka kuvvet olmadığını aklından çıkarma.

Akşamleyin evine gelirken ve geldiğinde yine aynı şekilde 7 kere bu duâyı oku. Yine bu saydıklarımızdan aynı şekilde selâmette bulunursun.

RESÛLULLÂH'IN ÇOK OKUDUĞU DUÂ

Sübhânallâhi ve bi'hamdihî, Sübhânallâhil'azîymi estağfirullâhe ve etûbü ileyh."

Ey Dost! Hz. Ayşe validemiz (R.A.) derki:

"Sübhânallâhi ve bi'hamdihi, Sübhânallahil'azîym. Estağfirullâhe ve etûbü ileyh."

duâsı, Resûllâh'ın (A.S.) çok çok okuduğu ve mübârek dilinden düşürmediği bir duâdır.

PEYGAMBERİMİZİN MAĞFİRET DUÂSI

Sevgili Peygamberimiz (Aleyhisselâm), devamlı olarak şöyle duâ buyururlardı:

"Sübhânekallâhümme ve bi'hamdike, Allahümmağfirlî, inneke entet'Tevvâbur'Rahiym."

Ey Dost! Sen dahi bu mübârek duâyı ezberle. Aslını ezberlersen şöyle demiş olacaksın:

"Allah'ım! Seni noksan sıfatlardan uzak tutar, kemâl ve yücelik ifâde eden sıfatlar ile sıfatlarım ***(nitelerim vasıflarım).*** *Ve sana hamdü senâlar ederim. Allah'ım! Benim tüm günâhlarımı bağışla* ***(beni mağfiret eyle).*** *Sen Tevvâb'sın. Sana dönen, sana yönelen* ***(Tevbe eden)*** *bütün kullarının mazeretlerini, özürlerini* ***(tevbelerini)*** *kabul edensin. Rahiymsin - Kullarına en çok acıyan, merhamet edensin. Bana merhamet et, bana acı, sen sonsuz merhamet sahibisin."* demek olur.

YATARKEN OKUNAN MAĞFİRET DUÂSI

Hz. Peygamber (Sallallâhü Teâlâ Aleyhi ve Sellem Efendimiz:

"Her kim, yatağına girdiği zaman üç kere:

"Estağfirullâhellezî lâ ilâhe illâhü, elhayyel'Kayyûme ve etûbü ileyh."

derse, günâhları denizin köpükleri ve temîm diyarının Aliç çölünün kum taneleri, ağaç yapraklarının sayısınca veya dünya günlerinin sayısınca da günâhı çok olsa Allah Teâlâ affeder, bağışlar." buyurmuştur.

OKUYANIN 700 GÜNÂHI BAĞIŞLANIR

Hz. Peygamber (A.S.) Efendimiz, bir yolculuğu sırasında:

"Estağfirullâh... deyiniz." buyurdu.

Biz de her birimiz, *"Estağfirullâh = Allah Teâlâ'dan bağışlanmamı dilerim."* diyerek Allah'tan mağfiret taleb ettik." Biz bunu söyledikten sonra; Hz. Peygamber (A.S.):

"Onu, yani **"Estağfirullâh"** sözünü yetmişe tamamlayın (yetmiş kere Estağfirullâh deyin)" buyurdu.

Biz, yetmiş defa **"Estağfirullâh"** deyince, Hz. Peygamber (A.S.):

"Herhangi bir kimse, kadın olsun, erkek olsun bir günde yetmiş defa Allah'tan bağışlanmasını dilerse, yani "Estağfirullâh" sözünü söylerse, mutlaka (şübhesiz ve kuşkusuz) Allah o kimsenin yediyüz (700) günâhını bağışlar." buyurdu.

HZ. AYŞE'NİN MAĞFİRET DUÂSI

Hz. Ayşe Validemiz, (Kadir Gecesi'nde okuması için) Peygamberimizden duâ öğretmesini istemiş:

"Yâ Resûlullâh! Nasıl duâ edeyim." demişti.

Hz. Peygamber Aleyhisselâm, "Yâ Âişe!:

"Allahümme inneke affüvvün, Kerîmün tühibbül'afve fa'fü annî" diye duâ et" buyurdu.

Ma'nâsı: "Allah'ım! Şübhesiz (gerçek) ki sen, affedicisin. Kerem sahibisin. Sen, affetmeyi seven-sin, Ya Rabbi beni de affet."

Yani, benim hata ve kusurlarımı bağışla, günâhlarımı affeyle. Ben âciz, zayıf bir kulum, lâyıkiyle ibâdet edemiyorum. Sana gerektiği gibi sözlerle duâ edemiyorum. Hata ve kusurlardan uzak kalamıyorum, bu ise, benim zayıf ve âciz olduğumdan geliyor. *"Allah'ım! Sen ise, benim Rabbimsin, sahibimsin, benim günâhlarımı affeyleyen, hatalarımı bağışlayan, kusurlarımı örten (setreyleyen) ancak ve ancak sensin."* demek olur.

HIZIR (ALEYHİSSELÂM'IN) DUÂSI

Her türlü belâ ve kazalardan korur

"Her kim, sabahları (gündüzleri) bu duâyı üç (3) kere okursa, her türlü belâ ve kazadan, yangından, boğulmaktan ve hırsızların vereceği büyük zararlardan Allah'ın lutf-ü keremi ve izn-i şerîfiyle emniyet ve selâmette olur." Duâ budur:

"Bismillâh, Mâşâ'Allahü lâ kuvvete illâ billâ, Mâşâ'Allâhü küllü ni'metin minallâh, Mâşâ'Allâhül'hayru küllühû biyedillâh, Mâşâ'Allâhü lâ yasrifüs'sû'e illâllâh."

Ey Dost! Allah'ın dilemesi (irâdesi) olmadan bir yaprak bile kıpırdayamaz. Herşey Allah'ın dilemesi ile ancak hareket edebilir. Bu ölçü ile düşünürsen bu duâyı okumanın fayda ve yararlarını kavramış olursun vesselâm!..

BELÂLARDAN KORUNMAK İÇİN DUÂ

Bir adam, Hazret-i Peygambere gelip şöyle dertlendi:

"— Yâ Resûlallâh! Başım dertten kurtulmuyor, belâ ve musîbetler yakamı bırakmıyor, korkuyorum." dedi.

Hazret-i Peygamber (A.S.) o adama şöyle buyurdu:

"— Sabahları şöyle duâ et":

"Bismillâhi alâ nefsî ve ehlî ve mâlî"

Ma'nâsı: "Allâh'ın mübârek ismi hürmetine, kendimi, âile efradımı ve malımı Allâh'ın himâyesine (korumasına) havâle ediyorum, O'nun yüce katına sığınıyorum." demek olur.

Evet, böyle hareket edersen, Allâh, seni, âileni-çoluk çocuğunu ve malını bütün âfetlerden, belâ ve kazâlardan korur. Sen emniyet ve selâmette olursun, vesselâm!..

BİR ZARARA UĞRAYAN OKUR

Herhangi bir şeyini kaybeden veya herhangi bir zarara ve zıyana uğrayan şu duâyı okursa, kaybettiğinden daha iyisini bulur, uğradığı zarardan daha fazla kârlı bir şey elde eder. Okuyacağı duâ budur:

"Bismillâh, Asâ Rabbünâ eyyübdilenâ hayram minhâ, inne ilâ Rabbinâ râğibûn."

Ma'nâsı: "Ümîd ediyorum ki, Rabbimiz, bunun (kaybın veya zararın) yerine daha iyisini bize verecektir. Biz O'nun rızasını istiyoruz." Bu duâ âyettir. Allâh, bize bu yolda hareketimizi istiyor.

DARLIĞA, SIKINTIYA DÜŞEN OKUR

Peygamberimiz (A.S.), Hz. Ali Efendimize:

"— Yâ Ali! Ne zaman bir sıkıntıya, bir darlığa ve bir tehlikeye düşersen, bir belâ ve musîbetle karşılaşırsan şöyle duâ et:"

"Bismillâhir'Rahmânir'Rahiym. Ve lâ havle ve lâ kuvvete illâ billâhil'âliyyil'azıym."

"Yâ Ali! Böyle duâ etmeye devam edersen Cenâb-ı Allah, senin üzerinden o belâ ve musîbetleri defeder."

99 DERDE DEVÂ OLAN DUÂ

Hz. Peygamber efendimiz (Sallallâhü Teâlâ Aleyhi ve sellem,

"Lâ havle velâ kuvvete illâ billâhil'aliyyil'azıym."

duâsını okumak, (99) doksan dokuz derde devâdır. Bu dertlerin en küçüğü gönüldeki keder ***(sıkıntı ve stres)****dir."* buyurmuştur. Gönül darlığı çeken, stres içinde kıvranan bu duâyı okumalıdır.

FAKİRLİKTEN KURTULMAK İÇİN DUÂ

Sevgili Peygamberimiz *"Her kim, günde yüz defa:*

"Lâ havle velâ kuvvete illâ billâhil'aliyyil'azıym."

duâsını okursa, o kimseye ebedî olarak fakirlik ve yoksulluk isâbet etmez." Yani, hayatı boyunca fakirlik, yoksulluk yüzü görmez. Kazancında bereket, rızkında bolluk olur, geçim darlığı çekmez, demek olur.

OKUYAN ÜÇ KAZANÇ ELDE EDER

Cenâb-ı Hak, Hadis-i Kudsî'de Hz. Peygamber'e şöyle buyurmuş:

"— Ey Resûlüm! Ümmetine söyle ki:

10 *kere* sabahleyin

10 *kere* akşamleyin

10 *kere* de yatarken *şu duâyı okusunlar:*

"Lâ havle velâ kuvvete illâ billâhil'aliyyil'azıym."

Sabahleyin okumalarınad Cenâb-ı Hakk'ın rızasına ermeye hak kazanırlar. Bu duâ **"Cennet hazînelerindendir."**

Akşamleyin okumalarında şeytanın hîle ve desîsesinden (tuzaklarından) ve vereceği zararlardan korunmuş olarak uzak bulunurlar.

Yatarken okumalarında ise, dünyâ belâları ve musîbetleri kendilerinden uzaklaştırılır ve selâmetle emniyette olurlar." demek olur. vesselâm!..

Not: Bu duâlar hakkında çok geniş bilgi bulunan **"Peygamberimizin dilinden Duâlar ve Fazîletleri"** isimli 480 sayfalık kitabımıza bakmanız sizin kendi menfaatınızadır, tavsiye etmek bizden görmek sizdendir efendim...

KORKULARI GİDEREN DUÂLAR

"Hasbiyallâhü ve nî'mel vekiyl."

Ma'nâsı: "Allah (koruyucu olarak) bana kafîdir. O ne güzel vekîl'dir (koruyucudur)." demek olur.

Bu duâ hakkında yüce Peygamberimiz şöyle buyurmuştur: ***"Hasbiyallâhü ve nî'mel vekiyl."*** *duâsını okumak, her türlü korkuya ve korku veren herşeye karşı bir emandır, bir kal'adır."*

KORKAN YÜZ KERE OKUMALIDIR

"Hasbünallâhü ve nî'mel vekiyl."

Ma'nâsı: "Bize Allah, kâfidir. O ne güzel vekîldir."

Bu duâ ile ilgili Efendimiz (A.S.), şöyle buyurmuştur:

"— Sizden herhangi biriniz, büyük bir hadise (olay) ile (Elem-keder, dert-belâ, düşman ile karşılaşma gibi), bir belâ ve musîbet ile karşılaştığınız zaman:

"Hasbünallâhü ve nî'mel vekiyl." duâsını okuyunuz. Cenâb-ı Allah, düşmüş olduğunuz o belâyı sizden uzaklaştırır." Yüz defa ***"Hasbünallâhü ve nî'mel vekiyl."*** deyiniz. Yüzüncüde ***"ni'mel'Mevlâ ve ni'men'nasıyr"*** diye ilâve ediniz. Böylece korktuğunuzdan emniyet ve selâmette olursunuz." demek olur.

STRES, SIKINTI, BUNALIM ANINDA DUÂ

Sıkıntıya düşen, stres ve bunalıma giren şöyle duâ eder:

"Allâhü, Allâhü, Rabbî lâ üşrikü bihî şey'â."

Ma'nâsı: "Benim Rabbim (sahibim) Allâh'tır Allâh. O'na hiç bir şeyi ortak tanımam." Stresli ve sıkıntılı kimse bu duâyı üç kere okumalı ve üçer üçer okumaya devam etmelidir.

YİNE SIKINTIILI ANLARDA

Yine Hz. Peygamber (Aleyhisselâm) sıkıntılı anlarında şöyle duâ ederdi:

"Yâ Hayyü yâ Kayyûm, birahmetike esteğıysü."

Ma'nâsı: "Ey Hayy ve Kayyûm olan Allah'ım! Rahmet ve merhametinle yardımını diliyorum." demektir.

Efendimiz var gücüyle duâ ettikleri zaman: *"Yâ Hayyü yâ Kayyûm"* derdi.

Hz. YUNUS PEYGAMBERİN DUÂSI

Hazret-i Yûnus Peygamberin duâsı da sıkıntı ve stresleri gideren duâlardandır:

"Lâ ilâhe illâ ente sübhâneke innî küntü minez'zâlimiyn" Hz. Yûnus peygamber balığın karnında, o sıkıntılı anında bu duâyı okumuş

ve balığın karnından o dehşetli stresten kurtulmuştur. Bu duâ dahi 3 veya 7 kere okunur ve okumaya devam edilir. Bu duâlar topluca dahi okunmaya devâm edilir.

KEDERLİ ANLARDA OKUNUR

"Allâhü Rabbî lâ şerîkeleh"

Ma'nâsı: "Benim Rabbim ***(sahibim, koruyucum)*** *Allâh'tır. O'nun şerîki* ***(ortağı)*** *yoktur."*

Kederli, stresli kimseler bu duâyı, bu duâları 3 kere, 7 kere veyahutta yüz kere dahi okuması derdinin çabuk gitmesini sağlar. Duâlar sıkıntıların gitmesine kadar devâm edilir.

Not: Bu duâların derin ve daha geniş açıklamasını öğrenmek ve yararlanmak isteyenler **"Peygamberimizin mübârek dilinden DUÂLAR ve FAZÎLETLERİ"** isimli 480 sayfadan oluşan kitabımıza bakabilir. Huzûr ve sağlık Allâh'ın yardımıyla gelir. Duâ Allâh'tan yardım istemek demektir. Vesselâm!..

YÂSİN-İ ŞERÎF NASIL OKUNUR

Yâsin-i Şerîf okumak isteyen bir müslüman, önce güzelce bir abdest alır (namaz abdesti aldığı gibi bir abdest).

Mümkünse, herhangi bir zorluk ve zorlanma yoksa, kıbleye karşı oturmalı ve dizleri üzerine namazda oturur gibi oturmalı, güzelce derli toplu bir giyimle oturmalı, Cenâb-ı Allah'ın huzûrunda ibâdette bulunduğunu düşünmelidir. Bu şekilde hareket etmek, duâlarının kabul olmasını ve hacetlerinin (arzu ve dileklerinin) gerçekleşmesini sağlar.

Güzelce oturduktan sonra **"Bismillâh"** diyerek kitabını açarak: **"E'ûzü Besmele"** çeker. Yânî: *"E'ûzü billâhi mineş'şeytânir'raciym, Bismillâhir'Rahmânir'Rahiym"* der ve **Yâsîn Sûresini** sonuna kadar okuyup bitirir. (Yâsin okurken hiç konuşmaz. Çünkü Kur'ân-ı Kerîm okunurken hiç kimseyle konuşulmaz.

Yâsîn-i Şerîf bitince **"Sadekallâhül'azıym"** deyip *"Sübhâne Rabbike Rabbil'ızzeti ammâ yasıfûn, ve selâmün alel'murseliyn. Vel'hamdü lillâhi Rabbil'âlemiyn.* ***"El'fâtihah"*** der ve **"Besmele"** ile "Fâtiha Sûresini" okur. Böylece Yâsin okuma vazîfesi bitmiş olur.

Şâyet okuduğu Yâsîn-i Şerîf'in sevabını ölmüşlerinin ruhlarına bağışlamak isterse **"El'fâtihah"** demeden okuduğum Yâsinin sevâbını önce Peygamberimizin rûhuna hediye eder, sonra ölmüşlerinin ve istediği kimselerin ruhlarına bağışlayabilir.

Zaten Yâsin-i Şerîf'in sonunda bu konu ile ilgili örnek bir duâ bulunmaktadır.

Mezarlıkta Yâsin nasıl okunur:

Kabir ziyâretlerinde mezarlıkta Yâsin-i Şerîf okuyan kimse, kabrin baş ucuna oturarak okumalıdır. Yâsini bitirince sevabını bağışlarken burada yatan iman ehli olan müslümenların ruhlarına da hediye ettim demelidir.

Yâsin Sûresini okumanın çok, pek çok sevabı vardır. Bu konu ile ilgili Peygamberimizin pek çok Hadis-i Şerîfi ve pek çok müjdesi bulunmaktadır.

قَوْلُهُمْ اِنَّا نَعْلَمُ مَا يُسِرُّونَ وَمَا يُعْلِنُونَ ۞ اَوَلَمْ يَرَ
الْاِنْسَانُ اَنَّا خَلَقْنَاهُ مِنْ نُطْفَةٍ فَاِذَا هُوَ خَصِيمٌ مُبِينٌ
۞ وَضَرَبَ لَنَا مَثَلًا وَنَسِيَ خَلْقَهُ قَالَ مَنْ يُحْيِ الْعِظَامَ وَهِيَ
رَمِيمٌ ۞ قُلْ يُحْيِيهَا الَّذِي اَنْشَاَهَا اَوَّلَ مَرَّةٍ وَهُوَ بِكُلِّ خَلْقٍ
عَلِيمٌ ۞ اَلَّذِي جَعَلَ لَكُمْ مِنَ الشَّجَرِ الْاَخْضَرِ نَارًا فَاِذَا اَنْتُمْ
مِنْهُ تُوقِدُونَ ۞ اَوَلَيْسَ الَّذِي خَلَقَ السَّمٰوَاتِ وَالْاَرْضَ بِقَادِرٍ
عَلٰى اَنْ يَخْلُقَ مِثْلَهُمْ بَلٰى وَهُوَ الْخَلَّاقُ الْعَلِيمُ ۞ اِنَّمَا اَمْرُهُ
اِذَا اَرَادَ شَيْـًٔا اَنْ يَقُولَ لَهُ كُنْ فَيَكُونُ ۞ فَسُبْحَانَ
الَّذِي بِيَدِهِ مَلَكُوتُ كُلِّ شَيْءٍ وَاِلَيْهِ تُرْجَعُونَ ۞

بِمَا كَانُوا يَكْسِبُونَ ۝ وَلَوْ نَشَاءُ لَطَمَسْنَا عَلَىٰ أَعْيُنِهِمْ
فَاسْتَبَقُوا الصِّرَاطَ فَأَنَّىٰ يُبْصِرُونَ ۝ وَلَوْ نَشَاءُ
لَمَسَخْنَاهُمْ عَلَىٰ مَكَانَتِهِمْ فَمَا اسْتَطَاعُوا مُضِيًّا وَلَا يَرْجِعُونَ
۝ وَمَنْ نُعَمِّرْهُ نُنَكِّسْهُ فِي الْخَلْقِ أَفَلَا يَعْقِلُونَ ۝ وَمَا
عَلَّمْنَاهُ الشِّعْرَ وَمَا يَنْبَغِي لَهُ إِنْ هُوَ إِلَّا ذِكْرٌ وَقُرْآنٌ مُبِينٌ
۝ لِيُنْذِرَ مَنْ كَانَ حَيًّا وَيَحِقَّ الْقَوْلُ عَلَى الْكَافِرِينَ ۝ أَوَلَمْ
يَرَوْا أَنَّا خَلَقْنَا لَهُمْ مِمَّا عَمِلَتْ أَيْدِينَا أَنْعَامًا فَهُمْ لَهَا
مَالِكُونَ ۝ وَذَلَّلْنَاهَا لَهُمْ فَمِنْهَا رَكُوبُهُمْ وَمِنْهَا يَأْكُلُونَ
۝ وَلَهُمْ فِيهَا مَنَافِعُ وَمَشَارِبُ أَفَلَا يَشْكُرُونَ ۝ وَاتَّخَذُوا
مِنْ دُونِ اللَّهِ آلِهَةً لَعَلَّهُمْ يُنْصَرُونَ ۝ لَا يَسْتَطِيعُونَ
نَصْرَهُمْ وَهُمْ لَهُمْ جُنْدٌ مُحْضَرُونَ ۝ فَلَا يَحْزُنْكَ

إِنْ كَانَتْ إِلَّا صَيْحَةً وَاحِدَةً فَإِذَا هُمْ جَمِيعٌ لَدَيْنَا مُحْضَرُونَ
۝ فَالْيَوْمَ لَا تُظْلَمُ نَفْسٌ شَيْئًا وَلَا تُجْزَوْنَ إِلَّا مَا كُنْتُمْ تَعْمَلُونَ
۝ إِنَّ أَصْحَابَ الْجَنَّةِ الْيَوْمَ فِي شُغُلٍ فَاكِهُونَ ۝ هُمْ
وَأَزْوَاجُهُمْ فِي ظِلَالٍ عَلَى الْأَرَائِكِ مُتَّكِئُونَ ۝ لَهُمْ فِيهَا
فَاكِهَةٌ وَلَهُمْ مَا يَدَّعُونَ ۝ سَلَامٌ قَوْلًا مِنْ رَبٍّ رَحِيمٍ
۝ وَامْتَازُوا الْيَوْمَ أَيُّهَا الْمُجْرِمُونَ ۝ أَلَمْ أَعْهَدْ إِلَيْكُمْ
يَا بَنِي آدَمَ أَنْ لَا تَعْبُدُوا الشَّيْطَانَ إِنَّهُ لَكُمْ عَدُوٌّ مُبِينٌ ۝
وَأَنِ اعْبُدُونِي هَٰذَا صِرَاطٌ مُسْتَقِيمٌ ۝ وَلَقَدْ أَضَلَّ مِنْكُمْ
جِبِلًّا كَثِيرًا أَفَلَمْ تَكُونُوا تَعْقِلُونَ ۝ هَٰذِهِ جَهَنَّمُ الَّتِي كُنْتُمْ
تُوعَدُونَ ۝ اصْلَوْهَا الْيَوْمَ بِمَا كُنْتُمْ تَكْفُرُونَ ۝ الْيَوْمَ
نَخْتِمُ عَلَىٰ أَفْوَاهِهِمْ وَتُكَلِّمُنَا أَيْدِيهِمْ وَتَشْهَدُ أَرْجُلُهُمْ

لَا هُمْ يُنْقَذُونَ ۝ اِلَّا رَحْمَةً مِنَّا وَمَتَاعًا اِلٰى حِينٍ ۝
وَاِذَا قِيلَ لَهُمُ اتَّقُوا مَا بَيْنَ اَيْدِيكُمْ وَمَا خَلْفَكُمْ لَعَلَّكُمْ
تُرْحَمُونَ ۝ وَمَا تَأْتِيهِمْ مِنْ اٰيَةٍ مِنْ اٰيَاتِ رَبِّهِمْ اِلَّا كَانُوا
عَنْهَا مُعْرِضِينَ ۝ وَاِذَا قِيلَ لَهُمْ اَنْفِقُوا مِمَّا رَزَقَكُمُ اللّٰهُ
قَالَ الَّذِينَ كَفَرُوا لِلَّذِينَ اٰمَنُوا اَنُطْعِمُ مَنْ لَوْ يَشَاءُ اللّٰهُ
اَطْعَمَهُ اِنْ اَنْتُمْ اِلَّا فِي ضَلَالٍ مُبِينٍ ۝ وَيَقُولُونَ مَتٰى
هٰذَا الْوَعْدُ اِنْ كُنْتُمْ صَادِقِينَ ۝ مَا يَنْظُرُونَ اِلَّا صَيْحَةً
وَاحِدَةً تَأْخُذُهُمْ وَهُمْ يَخِصِّمُونَ ۝ فَلَا يَسْتَطِيعُونَ
تَوْصِيَةً وَلَا اِلٰى اَهْلِهِمْ يَرْجِعُونَ ۝ وَنُفِخَ فِي الصُّورِ فَاِذَا هُمْ
مِنَ الْاَجْدَاثِ اِلٰى رَبِّهِمْ يَنْسِلُونَ ۝ قَالُوا يَا وَيْلَنَا مَنْ بَعَثَنَا
مِنْ مَرْقَدِنَا هٰذَا مَا وَعَدَ الرَّحْمٰنُ وَصَدَقَ الْمُرْسَلُونَ ۝

اَخْرَجْنَا مِنْهَا حَبًّا فَمِنْهُ يَاْكُلُونَ ۞ وَجَعَلْنَا فِيهَا جَنَّاتٍ
مِنْ نَخِيلٍ وَاَعْنَابٍ وَفَجَّرْنَا فِيهَا مِنَ الْعُيُونِ ۞ لِيَاْكُلُوا مِنْ ثَمَرِهِ
وَمَا عَمِلَتْهُ اَيْدِيهِمْ اَفَلَا يَشْكُرُونَ ۞ سُبْحَانَ الَّذِى
خَلَقَ الْاَزْوَاجَ كُلَّهَا مِمَّا تُنْبِتُ الْاَرْضُ وَمِنْ اَنْفُسِهِمْ وَمِمَّا
لَا يَعْلَمُونَ ۞ وَاٰيَةٌ لَهُمُ الَّيْلُ نَسْلَخُ مِنْهُ النَّهَارَ فَاِذَا هُمْ
مُظْلِمُونَ ۞ وَالشَّمْسُ تَجْرِى لِمُسْتَقَرٍّ لَهَا ذٰلِكَ تَقْدِيرُ الْعَزِيزِ
الْعَلِيمِ ۞ وَالْقَمَرَ قَدَّرْنَاهُ مَنَازِلَ حَتّٰى عَادَ كَالْعُرْجُونِ
الْقَدِيمِ ۞ لَا الشَّمْسُ يَنْبَغِى لَهَا اَنْ تُدْرِكَ الْقَمَرَ وَلَا الَّيْلُ
سَابِقُ النَّهَارِ وَكُلٌّ فِى فَلَكٍ يَسْبَحُونَ ۞ وَاٰيَةٌ لَهُمْ اَنَّا
حَمَلْنَا ذُرِّيَّتَهُمْ فِى الْفُلْكِ الْمَشْحُونِ ۞ وَخَلَقْنَا لَهُمْ مِنْ
مِثْلِهِ مَا يَرْكَبُونَ ۞ وَاِنْ نَشَاْ نُغْرِقْهُمْ فَلَا صَرِيخَ لَهُمْ وَ

۝ وَمَا لِيَ لَٓا اَعْبُدُ الَّذ۪ي فَطَرَن۪ي وَاِلَيْهِ تُرْجَعُونَ ۝

ءَاَتَّخِذُ مِنْ دُونِه۪ٓ اٰلِهَةً اِنْ يُرِدْنِ الرَّحْمٰنُ بِضُرٍّ لَا تُغْنِ عَنّ۪ي

شَفَاعَتُهُمْ شَيْـًٔا وَلَا يُنْقِذُونِ ۝ اِنّ۪ٓي اِذًا لَف۪ي ضَلَالٍ مُب۪ينٍ

۝ اِنّ۪ٓي اٰمَنْتُ بِرَبِّكُمْ فَاسْمَعُونِ ۝ ق۪يلَ ادْخُلِ الْجَنَّةَ قَالَ

يَا لَيْتَ قَوْم۪ي يَعْلَمُونَ ۝ بِمَا غَفَرَ ل۪ي رَبّ۪ي وَجَعَلَن۪ي مِنَ الْمُكْرَم۪ينَ

۝ وَمَٓا اَنْزَلْنَا عَلٰى قَوْمِه۪ مِنْ بَعْدِه۪ مِنْ جُنْدٍ مِنَ السَّمَٓاءِ وَمَا

كُنَّا مُنْزِل۪ينَ ۝ اِنْ كَانَتْ اِلَّا صَيْحَةً وَاحِدَةً فَاِذَا هُمْ خَامِدُونَ

۝ يَا حَسْرَةً عَلَى الْعِبَادِ مَا يَأْت۪يهِمْ مِنْ رَسُولٍ اِلَّا كَانُوا

بِه۪ يَسْتَهْزِؤُ۫نَ ۝ اَلَمْ يَرَوْا كَمْ اَهْلَكْنَا قَبْلَهُمْ مِنَ الْقُرُونِ

اَنَّهُمْ اِلَيْهِمْ لَا يَرْجِعُونَ ۝ وَاِنْ كُلٌّ لَمَّا جَم۪يعٌ لَدَيْنَا

مُحْضَرُونَ ۝ وَاٰيَةٌ لَهُمُ الْاَرْضُ الْمَيْتَةُ اَحْيَيْنَاهَا وَ

وَخَشِيَ الرَّحْمٰنَ بِالْغَيْبِ فَبَشِّرْهُ بِمَغْفِرَةٍ وَاَجْرٍ كَرِيمٍ ۝ اِنَّا
نَحْنُ نُحْيِ الْمَوْتٰى وَنَكْتُبُ مَا قَدَّمُوا وَاٰثَارَهُمْ وَكُلَّ شَيْءٍ
اَحْصَيْنَاهُ فِي اِمَامٍ مُبِينٍ ۝ وَاضْرِبْ لَهُمْ مَثَلًا اَصْحَابَ
الْقَرْيَةِ اِذْ جَاءَهَا الْمُرْسَلُونَ ۝ اِذْ اَرْسَلْنَا اِلَيْهِمُ اثْنَيْنِ
فَكَذَّبُوهُمَا فَعَزَّزْنَا بِثَالِثٍ فَقَالُوا اِنَّا اِلَيْكُمْ مُرْسَلُونَ ۝
قَالُوا مَا اَنْتُمْ اِلَّا بَشَرٌ مِثْلُنَا وَمَا اَنْزَلَ الرَّحْمٰنُ مِنْ شَيْءٍ اِنْ
اَنْتُمْ اِلَّا تَكْذِبُونَ ۝ قَالُوا رَبُّنَا يَعْلَمُ اِنَّا اِلَيْكُمْ لَمُرْسَلُونَ
۝ وَمَا عَلَيْنَا اِلَّا الْبَلَاغُ الْمُبِينُ ۝ قَالُوا اِنَّا تَطَيَّرْنَا بِكُمْ
لَئِنْ لَمْ تَنْتَهُوا لَنَرْجُمَنَّكُمْ وَلَيَمَسَّنَّكُمْ مِنَّا عَذَابٌ اَلِيمٌ ۝
قَالُوا طَائِرُكُمْ مَعَكُمْ اَئِنْ ذُكِّرْتُمْ بَلْ اَنْتُمْ قَوْمٌ مُسْرِفُونَ ۝
وَجَاءَ مِنْ اَقْصَا الْمَدِينَةِ رَجُلٌ يَسْعٰى قَالَ يَا قَوْمِ اتَّبِعُوا
الْمُرْسَلِينَ ۝ اتَّبِعُوا مَنْ لَا يَسْئَلُكُمْ اَجْرًا وَهُمْ مُهْتَدُونَ

YÂSİN-İ ŞERÎF SÛRESİ

بِسْمِ اللّٰهِ الرَّحْمٰنِ الرَّح۪يمِ

يٰسٓ ۞ وَالْقُرْاٰنِ الْحَك۪يمِ ۞ اِنَّكَ لَمِنَ الْمُرْسَل۪ينَ ۞

عَلٰى صِرَاطٍ مُسْتَق۪يمٍ ۞ تَنْز۪يلَ الْعَز۪يزِ الرَّح۪يمِ ۞ لِتُنْذِرَ

قَوْماً مَٓا اُنْذِرَ اٰبَٓاؤُ۬هُمْ فَهُمْ غَافِلُونَ ۞ لَقَدْ حَقَّ الْقَوْلُ

عَلٰٓى اَكْثَرِهِمْ فَهُمْ لَا يُؤْمِنُونَ ۞ اِنَّا جَعَلْنَا ف۪ٓي اَعْنَاقِهِمْ

اَغْلَالاً فَهِيَ اِلَى الْاَذْقَانِ فَهُمْ مُقْمَحُونَ ۞ وَجَعَلْنَا

مِنْ بَيْنِ اَيْد۪يهِمْ سَداًّ وَمِنْ خَلْفِهِمْ سَداًّ فَاَغْشَيْنَاهُمْ

فَهُمْ لَا يُبْصِرُونَ ۞ وَسَوَٓاءٌ عَلَيْهِمْ ءَاَنْذَرْتَهُمْ اَمْ لَمْ

تُنْذِرْهُمْ لَا يُؤْمِنُونَ ۞ اِنَّمَا تُنْذِرُ مَنِ اتَّبَعَ الذِّكْرَ

YÂSİN SÛRESİNİN OKUNUŞU

Bismillâhir'Rahmânir'Rahiym

Yâsîn (1). Velkur'ânilhakiym (2). İnneke leminelmurseliyn (3). Alâ sırâtım müstekıym (4). Tenziylel'azizirrahiym (5). Litünzira kavmem mâ ünzira âbâühüm fehüm gâfilûn (6). Lekad hakkal kavlü alâ ekserihim fehüm lâ yü'minûn (7). İnnâ cealnâ fî a'nâkıhim ağlâlen fehiye ilel'ezkâni fehüm mukmehûn (8). Ve cealnâ mim beyni eydiyhim seddev ve min halfihim sedden feağşeynâhüm fehüm lâ yübsırûn (9). Ve sevâün aleyhim eenzartehüm em lem tünzirhüm lâ yü'minûn (10). İnnemâ tünziru menittebeazzikra ve haşiyerrahmâne bilgâyb, febeşşirhü bi mağfirativ ve ecrin keriym (11). İnnâ nahnü nuhyil mevtâ ve nektübü mâ kaddemû ve âsârahüm, ve külle şey'in ahsaynâhü fî imâmim mübiyn (12).

Vadrib lehüm meselen ashâbelkar-yeh, izcâehelmurselûn (13). İz erselnâ ileyhimüsneyni fekezzebûhümâ feaz-zeznâ bisâlisin fekâlû innâ ileyküm murselûn (14). Kâlû mâ entüm illâ be-şerum mislünâ ve mâ enzelerrahmânü min şey'in in entüm illâ tekzibûn (15). Kalû rabbünâ ya'lemü innâ ileyküm le-murselûn (16). Ve mâ aleynâ illelbelâ-ğul'mübiyn (17). Kâlû innâ tetayyarnâ biküm leil lem tentehû lenercümenne-küm ve leyemessenneküm minnâ azâ-bün eliym (18). Kalû tâiruküm meaküm ein zükkirtüm bel entüm kavmüm müsrifûn (19). Ve câe min aksalmedî-neti racülüy yes'a kâle yâ kavmittebiul murseliyn (20). İttebiû mel lâ yes'elü-küm ecrav ve hüm muhtedûn (21). Ve mâliye lâ a'büdülleziy fetaranî ve ileyhi turceûn (22). Eettehizü min dûnihî âli-heten iy yüridnirrahmânü bidurril lâ tuğni annî şefâatühüm şey'ev ve lâ yünkızûn (23). İnnî izel lefî dalâlim mü-biyn (24). İnnî âmentü birabbiküm fesmeûn (25). Kıyledhulilcenneh, kâle yâ leyte kavmî ya'lemûn (26). Bimâ ğaferalî rabbî ve cealenî minelmükramiyn (27).

Ve mâ enzelnâ alâ kavmihî mim ba'dihî min cündim minessemâi ve mâ künnâ münziliyn (28). İn kânet illâ sayhatev vâhideten feizâ hüm hâmidûn (29). Yâ hasraten alel'ibâd, mâ ye'tiyhim mir rasûlin illâ kânû bihî yestehziûn (30). Elem yerav, kem ehleknâ kablehüm minelkurûni ennehüm ileyhim lâ yarciûn (31). Ve in küllül lemmâ cemiy'ul ledeynâ muhdarûn (32). Ve âyetül lehümül'ardul'meyteh, ahyeynâhâ ve ehracnâ minhâ habben femin hü ye'külûn (33). Vecealnâ fîhâ cennâtim min nahiyliv ve a'nâbiv ve feccarnâ fîhâ minel'uyûn (34). Liye'külû min semerihî ve mâ amilethü eydiyhim efelâ yeşkürûn (35). Sübhânellezî halekal'ezvâce küllehâ mimmâ tünbitül'ardu ve min enfüsihim ve mimmâ lâ ya'lemûn (36). Ve âyetül lehümülleyl, neslehu minhünnehâra feizâhüm muzlimûn (37). Veşşemsü tecrî limüstekarril lehâ. zâlike takdiyrul'azîzil'aliym (38). Velkamera kaddernâhü menâzile hattâ âde kel'urcûnilkadiym (39). Leşşemsü yenbeğıy lehâ en tüdrikelkamera ve lelleylü sâbikunnehâr, ve küllün fî felekiy yesbehûn (40).

Ve âyetül lehüm ennâ hamelnâ zürriyyetehüm filfülkilmeşhûn (41). Ve halaknâ lehüm mim mislihî mâ yarkebûn (42). Ve in neşe'nuğrikhüm felâ sariyha lehüm ve lâ hüm yünkazûn (43). İllâ rahmetem minnâ ve metâan ilâ hıyn (44). Ve izâ kıyle lehümüttekû mâ beyne eydiyküm ve mâ halfeküm lealleküm turhamûn (45). Ve mâ te'tiyhim min âyetim min âyâti rabbihim illâ kânû anhâ mu'rıdıyn (46). Ve izâ kıyle lehüm enfikû mimmâ razekakümullâhü kalelleziyne keferû lilleziyne âmenû enut'imü mel lev yeşâullâhü at'ameh, in entüm illâ fî dalâlim mübiyn (47) Ve yekûlûne metâ hâzelva'dü in küntüm sâdikıyn (48). Mâ yenzurûne illâ sayhatev vâhideten te'huzühüm ve hüm yehıssımûn (49). Felâ yestetiy'ûne tavsiyetev ve lâ ilâ ehlihim yarciûn (50). Ve nüfiha fissûri feizâhüm minel'ecdâsi ilâ rabbihim yensilûn (51). Kâlû yâ veylenâ mem basenâ mim merkadina, hâzâ mâ veaderrahmânü ve sadekalmurselûn (52). İnkânet illâ sayhatev vâhideten feizâhüm cemiy'ul ledeynâ muhdarûn (53). Felyevme lâ tuzlemü nefsün şey'ev ve lâ tüczevne illâ mâküntüm ta'melûn (54).

İnne ashâbel'cennetil'yevme fî şuğulin fâkihûn (55). Hüm ve ezvâcühüm fî zılâlin'alel'erâiki müttekiûn (56). Lehüm fîhâ fâkihetüv ve lehüm mâ yeddeûn (57). Selâmün kavlem mirrabbir rahiym (58). Vemtâzülyevme eyyühel mücrimûn (59). Elem a'had ileyküm yâ benî âdeme en lâ ta'büdüşşeytân, innehû leküm adüvvüm mübiyn (60). Ve eni'büdûniy, hâzâ sırâtum müstekıym (61). Ve lekad edalle minküm cibilllen kesiyrâ, efelem tekûnû ta'kılûn (62). Hâzihî cehennemülletî küntüm tûadûn (63). Islevhel'yevme bimâ küntüm tekfürûn (64). Elyevme nahtimü alâ efvâhihim ve tükellimünâ eydiyhim ve teşhedü ercülühüm bimâ kânû yeksibûn (65). Velev neşâü letamesnâ alâ a'yünihim festebekussırâta feennâ yübsırûn (66). Velev neşâü lemesahnâhüm alâ mekânetihim femestetâû müdıyyev ve lâ yerciûn (67). Ve men nü'ammirhü nünekkishü filhalk, efelâ ya'kılûn (68). Ve mâ allemnâhüşşiy'ra ve mâ yenbeğiyleh, in hüve illâ zikruv ve kur'ânüm mübîn (69). Liyünzira men kâne hayyev ve yehıkkalkavlü alel kâfiriyn (70).

Evelem yerav ennâ halaknâ lehüm mimmâ amilet eydînâ en'âmen fehüm lehâ mâlikûn (71). Ve zellelnâhâ lehüm feminhâ rakûbühüm ve minhâ ye'külün (72). Ve lehüm fîhâ menâfiu ve meşârib, efelâ yeşkürûn (73). Vettehazû min dûnillâhi âlihetel leallehüm yünsarûn (74). Lâyestetıy'ûne nasrahüm ve hüm lehüm cündüm muhdarûn (75). Felâyahzünke kavlühüm, innâ na'lemü mâ yüsirrûne ve mâ yu'linûn (76). Evelem yeral'insânü ennâ halaknâhü min nutfetin feizâ hüve hasıymüm mübiyn (77). Ve darabe lenâ meselev ve nesiye halkah, kâle men yuh'yil izâme vehiye ramiym (78). Kul yuhyiyhelleziy enşehâ evvele merrah, ve hüve bikülli halkın aliym (79). Elleziy ceale leküm mineşşeceril, ahdari nâran feizâ entüm minhü tûkıdûn (80). Eveleyselleziy halekassemavati vel'arda bikâdirin alâ en yahluka mislehüm, belâ ve hüvelhallâkul' aliym (81). İnnemâ emruhû izâ erâde şey'en ey yekûle lehû kün feyekûn (82). Fesübhânelleziy biyedihî melekûtü külli şey'iv ve ileyhi türceûn (83).

YÂSİN-İ ŞERÎF DUÂSI

"Elhamdü lillâhi Rabbil'âlemiyn. Vessalâtü vesselâmü alâ seyyidinâ Muhammedin ve alâ âlihî ve sahbihî ecmeıyn.

Ya Rabbi! Okuduğum Yâsîn-i Şerîfi yüce katında kabûl eyle. Sevâbını sevgili peygamberimiz Hz. Muhammed Aleyhisselâm'ın âziz, latif ruhu şerîflerine hediye eyledik haberdâr eyle yâ Rabbi. Ölmüşlerimizi ve cümlemizi peygamberimizin şefâatına nâil eyle ya Rabbi. Bütün Peygamber efendilerimizin ve bilcümle Evliyaullahın mübârek ruhlarına hediye eyledik vâsıl eyle yâ Rabbi.

Yâ Rabbî! Okunan Yâsîn-i Şerîf'in sevâbını bütün ölmüşlerimizin Aziz ruhlarına hediye eyledik kabul eyle yâ Rabbi. Kabirleri Kur'ân'ın nuriyle nûr olsun. Makamları Cennet olsun yâ Rabbi! Kabirlerini cehennem çukuru olmaktan koru yâ Rabbi. Okunan bu Yâsîn-i Şerîf'i ve diğer sûre ve duâlarımızı kabul eyle yâ Rabbi. Bi-hurmeti Tâhâ ve Yâsin, vel hamdülillâhi Rabbil'âlemiyn.

Subhâne Rabbike Rabbil'izzeti ammâ yasıfûn, ve selâmün alel-murseliyn. Velhamdülillâhi Rabbil'âleminel'Fâtihah.

YÂSİN-İ ŞERİF OKUMANIN SEVABI

Ey hak yolcusu! Sevgili peygamberimiz;

"Kalbül'Kur'âni Yâsin = Kur'ân'ın kalbi Yâsin-i Şerîf'dir." buyurmuş.

Kalb, çok önemli bir mahal, önemli bir noktadır. Herşeyin en önemli noktası, en önemli yeri (mahalli) kalbdir. Sevgili Peygamberimiz, bu teşbihiyle (benzetmesiyle) bizlere önemli bir mesaj vermektedir. Efendimizin bu hikmetli beyanlarında Yâsin-i Şerîf'i okumanın bir müslüman için çok büyük hikmetler, feyzü bereketler sağlayacağına müjde mesajları vardır.

Şimdi Efendimizin Hadis-i Şeriflerinden, Yâsin Sûresini okumanın kazandıracağı mânevî feyzü bereketlerden örnekler verelim:

1. *"Herşeyin bir kalbi vardır. Kur'ânın kalbi de Yâsin Sûresidir. Her kim, Yâsin Sûresini okursa, Kur'ân'ı on kere okumuş sevabı alır."*

2. ***"Geceleyin Yâsin Sûresini okuyan kimse, günâhlarından bağışlanmış olarak sabaha çıkar."***

3. *"Yâsin Sûresi, hangi maksat (niyyet) için okunursa, o maksat (murad) hasıl olur (gerçekleşir."*

4. ***"Yâsin Sûresi, kendisini okuyan kimseden her türlü kötülüğü** (zararı) **defeder** (uzaklaştırır)*

ve onun bütün ihtiyaçlarını karşılar (dileklerinin gerçekleşmesine sebeb olur).”

5. *“Her kim ki, Cuma günleri anne ve babasının kabrini ziyaret edip de Yâsin Sûresini okursa, geçmiş günâhları bağışlanır.”*

6. **“Ey ümmetim, ölmüşlerinizin ruhları için Yâsin Sûresini okuyunuz.”**

7. *“Her kim, geceleri Yâsin Sûresini okumaya devam ederse, öldüğü zaman şehîd olarak (şehid sevabına ermiş olarak) ölür.”*

Ey dost! Sana yedi sekiz parça hadis-i şerîfin Türkçe anlamını sundum. Sanıyorum bu kadar bilgi senin için yeterlidir. Bu konu ile ilgili daha genişçe bilgi edinmek dilersen, diğer Yâsin-i Şerîf ile ilgili kitablarımıza bakasın. Bu eserimizin arka kısmında kitablarımızın listesi vardır.

BEŞ VAKİT NAMAZ ARKASINDAN YAPILACAK TESBİH DUÂLARI

Ey hak yolcusu! Beş vakit namazını kılan bir müslüman, kadın olsun, erkek olsun; kıldığı her beş vakit namazın arkasından bazı duâ ve zikirler okur.

Bu duâ ve zikirlere *“Tesbih duâları”* deniyor. Bu duâlar her namazı kılan müslüman tarafından biliniyor. Bu duâ ve zikirler değişmez. ***"Tesbih duâlarını"*** okurken tesbih kullanırız. Tesbihimiz yoksa, parmak boğumlarıyla sayarız. Çünkü, otuz üç (33) sayısına tamamlamak için bir şeyle saymak gerekmektedir.

Kıldığımız herhangi bir beş vakit namazı bitirince son selâmın arkasından *"Allâhümme entesselâm ve minkesse1âm..."* duâsını okur, hemen ardından:

1. *"Alâ Resûlinâ salevât"* deriz.

2. *"Allâhümme salli Alâ Muhammedin ve alâ âl-i Muhammed"* diyerek peygamberimize salevât-ı şerife getiririz. Sonra

سُبْحَانَ اللّٰهِ وَالْحَمْدُ لِلّٰهِ وَلَا إِلٰهَ إِلَّا اللّٰهُ وَاللّٰهُ أَكْبَرُ ۞

وَلَا حَوْلَ وَلَا قُوَّةَ إِلَّا بِاللّٰهِ الْعَلِيِّ الْعَظِيمِ ۞

3. ***"Subhânallâhi velhamdü lillâhi velâ ilâhe illallâhü vallâhü ekber velâ havle velâ kuvvete illâ billâhil aliyyil'azîm"*** deriz. ve hemen

4. Eûzü Besmele ile Ayetel'Kürsî okuruz. (Ayetel'Kürsi 115.nci sayfada geçti oraya bakılsın.)

5. 33 defa "Sübhânallâh"

   33 defa "Elhamdü lillâh"

   33 defa "Allâhü Ekber"

diyerek tesbih çekeriz ve arkasından

لَا إِلٰهَ إِلَّا اللّٰهُ وَحْدَهُ لَا شَرِيكَ لَهُ لَهُ الْمُلْكُ
وَلَهُ الْحَمْدُ وَهُوَ عَلٰى كُلِّ شَيْءٍ قَدِيرٌ

6. *"Lâ ilâhe illallâhü vahdehû lâ şerîkeleh, lehül'mülkü velehül'hamdü ve hüve alâ külli şey'in kadir."* duâ ve zikrini okuruz. Ve

سُبْحَانَ رَبِّيَ الْعَلِيِّ الْاَعْلَى الْوَهَّابِ

7. "Sübhâne Rabbiyel'aliyyil'a'lel'vahhab."

deyip iki elimizi göğsümüzün hizasına kaldırıp avuçlarımızın içini biraz yüzümüze meyilli olarak ellerimizi (duâların kıblesi) olan semaya (göğe) doğru açıp gönlümüzün istediği gibi duâ ederiz. Duâmız bitince

8. ***"Sübhâne Rabbike Rabbil'izzeti ammâ yasıfûn, ve selâmün alel-murseliyn. Velhamdülillâhi Rabbil'âleminel'Fâtihah"*** der, ellerimizi yüzümüze süreriz. Sonra

9. Eûzü Besmele ile "Fatiha Sûresini" okuruz. Bu son okuduğumuz "Fatiha" artık duâ yerine geçer demek olur.

Sonra seccâdemizin üzerinden kalkarak seccâdemezi toplarız. Böylece dört başı mâmûr namazımızı kılmış oluruz vesselâm!..

AMENTÜ

آمَنْتُ بِاللّٰهِ • وَمَلٰئِكَتِهِ • وَكُتُبِهِ • وَرُسُلِهِ • وَالْيَوْمِ الْاٰخِرِ •
وَبِالْقَدَرِ خَيْرِهِ وَشَرِّهِ مِنَ اللّٰهِ تَعَالٰى وَالْبَعْثُ بَعْدَ الْمَوْتِ حَقٌّ
اَشْهَدُ اَنْ لَا اِلٰهَ اِلَّا اللّٰهُ • وَاَشْهَدُ اَنَّ مُحَمَّدًا عَبْدُهُ وَرَسُولُهُ •

Okunuşu: *"Âmentü billâhi ve melâiketihî ve kütübihî ve Rusulihî velyevmil'âhıri ve bilkaderi hayrihi ve şerrihi minallâhi teâlâ velba'sü ba'del mevt, hakkun. Eşhedü ellâ ilâhe illallâh, ve eşhedü enne Muhammeden abdühû ve Rasûlüh."*

Ma'nâsı: *"Ben Allâh'a, Allâh'ın meleklerine, kitablarına, peygamberlerine, âhiret gününe, kadere, hayır ve şerrin ancak Allâh'ın yaratmasıyla olduğuna inandım. Ölümden sonra dirilme haktır.*

Şahidlik ederim ki, Allâh'tan başka (ibâdet edilecek) ilâh yoktur. Ve yine şahidlik ederim ki, Hz. Muhammed, Allâh'ın kulu ve peygamberidir.

Ey hak yolcusu! Tafsilî îmânı içine alan müslümanın âmentüsü ezberden bilinirse akılda tutmak daha kolay olur. Bu sebebden yavrularımıza küçük yaşlarda belletilirse bir daha unutmazlar.

EZAN

اَللّٰهُ اَكْبَرُ اَللّٰهُ اَكْبَرُ ۝ اَللّٰهُ اَكْبَرُ اَللّٰهُ اَكْبَرُ

اَشْهَدُ اَنْ لَا اِلٰهَ اِلَّا اللّٰهُ ۝ اَشْهَدُ اَنْ لَا اِلٰهَ اِلَّا اللّٰهُ

اَشْهَدُ اَنَّ مُحَمَّدًا رَسُولُ اللّٰهِ ۝ اَشْهَدُ اَنَّ مُحَمَّدًا رَسُولُ اللّٰهِ

حَيَّ عَلَى الصَّلَاةِ حَيَّ عَلَى الصَّلَاةِ ۝ حَيَّ عَلَى الْفَلَاحِ حَيَّ عَلَى الْفَلَاحْ

اَللّٰهُ اَكْبَرُ ۝ اَللّٰهُ اَكْبَرُ ۝ لَا اِلٰهَ اِلَّا اللّٰهُ ۝

Allâhü Ekber, Allâhü ekber,
Allâhü Ekber, Allâhü Ekber,
Eşhedü enlâ ilâhe illallâh,
Eşhedü enlâ ilâhe illallâh
Eşhedü enne Muhammeder - Resûlullâh
Eşhedü enne Muhammeder - Resûlullâh
Hayye alas-salâh, Hayye alas-salâh,
Hayye alâl-felâh, Hayye alâl-felâh,
Allâhü Ekber, Allâhü Ekber
Lâ ilâhe illallâh.

İÇİNDEKİLER

DUÂLAR BÖLÜMÜ

HATTAT TAVASLI YAYINLARI

1. Sûrelerin Fazileti (Yeni Çıktı)
2. Dualı Namaz Hocası
3. Tam Namaz Hocası
5. Dînî Hikâyeler
6. 30 Ramazan Vaazı
7. Tam Duâ Kitabı (İlaveli Baskı)
8. Hikâyeler Demeti
9. Kasideler - Nâtı Şerifler
10. Kolay Namaz Hocası
11. Kızımın Din Kitabı
12. 32 Farz (Açıklamalı)
13. İlâhi Kitabı (Hanımlara Duâlı)
14. Mevlid-i Şerîf (Günümüzde)
15. Yâsin-i Şerif (Kabirlerde)
16. Kolay Duâ Mecmuası
17. Kur'ân Dili (Tecvidli)
18. Tecvid (Karabaş - Sualli Cevaplı)
19. Musahhah Mevlid
20. Muhtasar Namaz Hocası
21. Muhtasar Kur'an Dili
22. Yâsin Cüzü (Eski Yazı)
23. Yâsin Cüzü (Kur'ân'dan Sûreler)
24. Amme Cüzü (Eski Yazı)
25. Tebâreke Cüzü (Eski Yazı)
26. Renkli Yâsin Cüzü , Güzel Duâlar
27. 40 Hadis-i Şerif
29. Duâların Faziletleri *(Yeni Çıktı)*
30. Eyûp Sultan Hazretleri

31. Rûyâ Tabirleri
32. Duâlı Yâsin *(Yeni Çıktı)*
33. Ramazan-ı Şerif, Kenzül Arş duaları

EL KİTABLARI SERİSİ

1. Kıssadan Hisse Dini Hikayeler
2. Namaz, Abdest ve Gusul
3. Gönül Bahçem - İlahiler, Kasideler
4. Rûyâ Tabirleri
5. Tevbe Duaları (Yeni Çıktı)
6. Esmâül Hüsnâ / Salât-ı Tefriciye
7. 70 Bin Kelîme-i Tevhid/İsmi A'zam
8. Üç Ayların Fazîleti
9. Nasreddin Hoca Fıkraları
10. Ana Baba ve Evlat Hakları
11. Namaz Sûrelerinin Fazileti
12. Bülbül - İlahi, Kasideler, Marşlar
13. Sevgili Peygamberimizden Duâlar
14. Sarı Çiçek İlahiler *(Yeni Çıktı)*

CEB KİTABLARI SERİMİZ

1. Yasin Tebâreke ve Amme
2. Abdest Namaz ve Seçilmiş Duâlar
3. Arabça Yasin Tebareke ve Amme Sûreleri
4. İlâhili Mevlid-i Şerif
5. Kızımın İlâhi Defteri
6. Şifa Ayetleri (Hastalara Duâlar)
7. Ramazan Duâsı ve Bal Tefsiri
8. Ayetel Kürsinin Faziletler
9. Yasin-i Şerif ve Hacet-Dilek duaları

KASETLERİMİZ

1. **Mevlid-i Şerif**
2. Namaz Sûreleri
3. **Yâsin-i Şerif:**
4. Tasavvufî İlâhiler **(Müzikal)**
5. **Kasîdeler**
6. İlâhiler **(Çarşılı ilahi grubu)**
7. **İlâhiler**
8. İlâhiler
9. **İlâhiler** (Ney, Bendir eşliğinde)

Okurlarımızın Nazar-ı Dikkatine:

Değerli dostlarım! Kitablarımızda yer yer bazı uyarı sözlerimizi (ikazlarımızı) sanıyorum görmektesiniz. Meselâ: *"Kitablarımızın bir çok taklidleri çıkmıştır. Kİtablarımızı alırken sakın olaki aldanmayasınız. Kitablarımızı isterken yazarı "Yusuf Tavaslı" olacak deyiniz."* gibi, *istemeyerek kullandığımız bu ifâdelerimiz (sözlerimiz) iyi niyetimizin ürünüdür. Çünkü, bir tek okuyucumuzun bile aldatılmasını gönlümü asla râzı olmaz ve olamaz.*

Okuyucu dostlarımızdan ricâmız, eserlerimizi alırken veya sipariş verirken yazarı: *"Yusuf Tavaslı" olacak derse, bin de bir de olsa aldanma ve yanlışlıkları önleyecektir inşâallâh!*

KİTABLARIMIZDAN FAYDALANABİLECEKLERİNİZ

Değerli Okuyucu dostum! Severek okuyacagın bir kaç kitabım ile ilgili sana bilgi vermek istiyorum:

Duâ ve Zikirli Namaz Hocası: Bu kitabım namaz ve ilmihal bilgileri yönünden en geniş ve en zengin dînî bilgiler hazinesidir. Eserimiz 864 sayfalık bir kitab olup gayet açık ve net bir ifade ile yazılmıştır. Her namazdan sonra okunması gereken duâ ve zikirleri de içinde toplamış ve bir müslümana ve âilesine, çoluk çocuğuna yetecek kadar seçme ve fazîletli duâları da içinde buluacağınız bu eşşiz kitabımızı mutlaka görmelisiniz.

Sûrelerin Fazîleti: Sevgili Peygamberimizin mübârek dilinden Kur'ân'ın 114 sûresi ile ilgili bilgileri içine alan ve ayrıca Kur'ân okumanın sevabını öğreten en geniş, açıklamalı, bu değerli eserimizi de görmelisiniz. 544 sayfalık bu eserimizi seve seve okuyacaksınız. Kur'ânın 114 sûresinin ayrı ayrı fazîlet ve sevabını anlatan bu kitabımız kendi sahasında en güzel ve anlaşılır bir dille kaleme alınmış, emsalsiz bir eserdir. Akşam sabah ve belirli gün ve sâatlerde okuyacağınız sûreleri dahi okunuşlarıyla birlikte bu eserimizde bulacaksınız.

Duâlar ve fazîletleri: Peygamberimizin mübârek dilinden Duâlar ve fazîletleri isimli bu eserimiz de 7'den 70'e herkesin yararlanabileceği duâlar yer almış bulunuyor. Sabah, akşam okunacak fazîletli duâlardan tutun da, korku ve stres, rızık ve bereket, borç ve yoksulluktan kurtuluşu sağlayan duâlar, dilek ve hâcet duâları, şifâ ve hastalıkla ilgili duâlar ve daha bir çok kıymetli ve kabul olmuş duâlardan örnekler... 480 sayfalık bu kitabımızı görmenizi tavsiye ederiz...

Duâlı Yâsin-i Şerîf: Bu Yâsin kitabımız, günlük okunmasında sevab ve fazîlet olan belli sûrelerin ve seçme duâların bulunduğu okuma kitabıdır. **Kitabımızda bulunan bazı sûreler:**

1. Yâsin Sûresi, 2. Mülk Sûresi, 3. Amme Sûresi, 4. Kehif Sûresi, 5. Secde Sûresi, 6. Duhân Sûresi, 7. Fetih Sûresi, 8. Rahman Sûresi, 9. İzâ Vakaa Sûresi, 10. Cuma Sûresi, 11. Lâ Uksimü Sûresi, 12. Tekvir Sûresi, 13. İnfitar Sûresi, 14. İnşikâk Sûresi, 15. A'lâ Sûresi, 16. Şems Sûresi, 17. Leyl Sûresi, 18. Duhâ Sûresi ve Namaz Sûreleri. **Ve ayrıca duâlar:**

4444 duâsı, Kenzül'Arş duâsı, Ramazan duâları, hâcet duâsı, Esmâül'Husnâ, İmân duâları, rızık duâları, sıkıntı ve stres duâları ve daha bir çok duâlar... Bu kitabımızı görmenizi tavsiye eder, Cenâb-ı Hak'tan feyzü bereketler dilerim, vesselâm...